わからないを わかるにかえる

英検® 単語帳

BUNRI

はじめに INTRODUCTION

この度，大人気の超基礎問題集『わからないをわかるにかえる』の英検シリーズに単語帳が登場しました。英検合格を目指してがんばるみなさまの中には，「おぼえたつもりなのに，試験に出るとわからない」「試験までに1冊の単語帳をやり切れない」といった悩みを抱えている方々も多いのではないかと思います。これらの悩みを解決するべく，様々な工夫を凝らした**絶対におぼえられる単語帳**が誕生しました。

絶対におぼえられる 5つの工夫

1 別冊の『テストブック』で定着が確認できる！

本書には別冊で『**わかるにかえる! 5分間テストブック**』をつけました。単語帳の1回分の学習量（見開き2ページ）に1ページで対応しています。**すべての単語・熟語**が出題されるので，もれなく定着の確認ができます。

2 単語・熟語を厳選し，1単元分の取り組む分量が明確だから，最後までやり切れる！

過去問を分析し，**合格に必要な単語・熟語を厳選。単語帳2ページ+テストブック1ページ**で，計画的に勉強を進めやすい構成にしました。

3 開きやすいから書き込んで使える！

つくえの上で開いて書き込みができるように，**開きやすい製本**にしました。単語帳に書き込みをしたり，単語帳を見ながら別の紙に写したり…定着に欠かせない「書く」練習にも最適です。

4 掲載されているすべての英語を無料の音声で確認できる！

単語帳に掲載されている**すべての見出し語・フレーズ・例文**に音声をつけました。音声を聞きながら勉強すると，リスニング問題にも役立ちます。

5 無料単語学習アプリ『どこでもワーク』でいつでもどこでも見直せる！

スキマ時間にも学習ができる単語学習アプリをつけました。**単語・熟語カード**と**3択クイズ**の2つの機能によって，くりかえし学習することが可能です。

もくじ CONTENTS

イラスト：
BONNOUM

この本の構成

（単語編）

過去問を分析して，英検に「とてもよく出る単語」と「よく出る単語」を品詞別に収録しました！

●見出し語の和訳：英検によく出る意味を中心に紹介します。赤シートを使ってチェックができます。

●見出し語：英検によく出る順番で単語を紹介します。

●フレーズと和訳：英検によく出る形で紹介します。見出し語にあたる部分の和訳は赤シートで隠すことができます。

●チェック欄：おぼえていなかった単語には✓を入れましょう。

●発音記号・カタカナ表記：見出し語の読み方を表します。カタカナ表記はあくまでも目安です。

●コメント：単語をおぼえるための知識や英検で出題されるときのポイントをキャラクターが説明します。

単語帳

1 とてもよく出る単語 動詞①　001～016

001 **go** [gou] ゴウ	動 行く 変化形 go - went - gone ▶ go to the library 図書館へ行く
002 **get** [get] ゲット	動 ～を手に入れる，～を得る 変化形 get - got - got [gotten] ▶ get a ticket チケットを手に入れる
003 **give** [giv] ギヴ	動 ～に…を与える［あげる］ 変化形 give - gave - given ▶ give animals some food 動物に食べ物を与える
004 **take** [teik] テイク	動 ～を持っていく，（乗り物）に乗る，（時間が）かかる 変化形 take - took - taken ▶ take a notebook to her house 彼女の家にノートを持っていく
005 **buy** [bai] バイ	動 ～を買う 変化形 buy - bought - bought ▶ buy a new shirt 新しいシャツを買う
006 **sell** [sel] セル	動 ～を売る 変化形 sell - sold - sold ▶ sell many kinds of fruits 多くの種類の果物を売る
007 **make** [meik] メイク	動 ～を作る，～を…にする 変化形 make - made - made ▶ make curry for dinner 夕食にカレーを作る
008 **look** [luk] ルック	動 ～に見える，見る ▶ look sad 悲しそうに見える

形容詞の前に置くと，「～に見える」という意味だよ。

12

※このコンテンツは，公益財団法人 日本英語検定協会の承認や推奨，その他の検討を受けたものではありません。

●音声ファイル名・QRコード：音声を聞くことができます。→くわしくはp.7

※QRコードは(株)デンソーウェーブの登録商標です。

●インジケーター：何語まで取り組んだかがわかります。

●単語の問題：すべての単語に対応した問題を収録。赤シートを使って定着をチェックしましょう。取り外して持ち運ぶこともできます。

テストブック

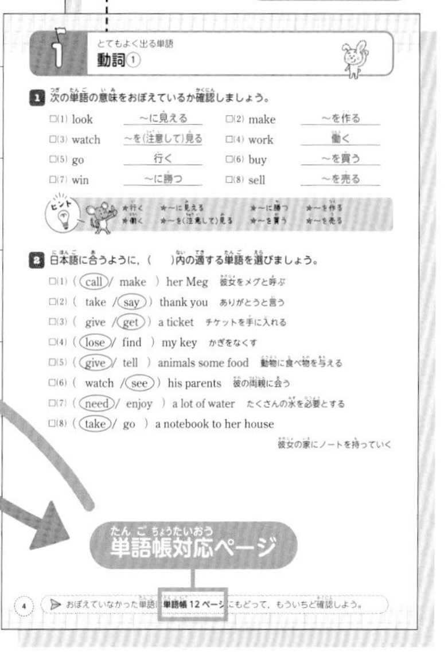

単語帳とテストブックをいったりきたり！くりかえし学習することが大切。

POINT!

この本の構成

熟語編・会話表現編

熟語編

過去問を分析して，
「とてもよく出る熟語」と
「よく出る熟語」を収録しました。
英検によく出る用例を調べ，
すべてに例文を掲載。
音声を聞きながら
学習しましょう。

会話表現編

過去問を分析して，
よく出る50の表現を
厳選しました。
会話例やコメントから，
英検ではどのように
出題されるのかが
わかります。

41 とてもよく出る熟語
動詞の働きをする熟語①　641～654

641 **have to *do***	～しなければならない
▶ They **have to leave** home soon. 彼らはすぐに家を出なければなりません。	
642 **need to *do***	～する必要がある
▶ I **need to move** the chair. 私はそのいすを動かす必要があります。	
643 **take ～ to ...**	～を…に連れていく，～を…に持っていく
▶ Did Kate's father **take** her **to** the station? ケイトのお父さんは彼女を駅に連れていきましたか。	
644 **be able to *do***	～することができる
▶ Sam **is able to skate** very well. サムはとてもじょうずにスケートをすることができます。	
645 **stay home**	家にいる
▶ You must **stay home** until you finish your homework. あなたは宿題を終えるまで家にいなければなりません。	
646 **take part in ～**	～に参加する
▶ I want to **take part in** the project. 私はそのプロジェクトに参加したいです。	
647 **have been to ～**	～へ行ったことがある
▶ Jun **has been to** Hawaii once. 純は1度ハワイへ行ったことがあります。	

「～する必要がない」は don't(doesn't) have to do だよ。

96

会話表現①　01～10

01 **That sounds like fun.**	それは楽しそうですね。
A: Let's play catch in the park. 公園でキャッチボールをしましょう。 B: **That sounds like fun.** それは楽しそうですね。	
02 **How about ～?**	～はどうですか。
A: I want to drink something. 私は何かを飲みたいです。 B: Me, too. **How about** taking a rest? 私もです。休憩するのはどうですか。	
03 **I hope ～.**	～だといいと思います。
A: I have a tennis match tomorrow. 私は明日テニスの試合があります。 B: **I hope** you will win the match. あなたが試合に勝つといいと思います。	
04 **No problem.**	いいですよ。どういたしまして。
A: I'm sorry, but I forgot the souvenir. ごめんなさい，私はおみやげを忘れました。 B: **No problem.** Bring it next time. いいですよ。次回持ってきて。	
05 **What happened?**	何があったのですか。
A: You look tired. **What happened?** あなたは疲れて見えます。何があったのですか。 B: I practiced soccer all day today. 私は今日1日中サッカーを練習しました。	

How about you? 「あなたはどうですか」もよく使うよ。

140

熟語も **テストブック** に対応！すべての熟語の定着をチェックできます。

表記・音声について

表記について

品詞	動 動詞　名 名詞　形 形容詞　副 副詞　接 接続詞 前 前置詞　代 代名詞　助 助動詞　冠 冠詞
語形変化	変化形 **go - went - gone** 不規則に変化する動詞を，**原形-過去形-過去分詞**の順に紹介します。
発音・アクセント	発音 発音に注意するべき語 アクセント アクセントに注意するべき語
その他の表記	▶ フレーズ・例文　( ) 省略可能，補足説明　[ ] 直前の語句と言い換え可能 ***one's, oneself*** 人を表す語句が入る　***do*** 動詞の原形が入る ***doing*** 動詞の-ing形が入る　**to *do*** <to＋動詞の原形>が入る

音声の再生方法

本書では以下の音声を ❶ ～ ❸ の3つの方法で再生することができます。

- 単語編：見出し語→見出し語の和訳，見出し語→フレーズ・例文（英語）
- 熟語編：見出し語→見出し語の和訳，見出し語→例文（英語）
- 会話表現編：見出し語→見出し語の和訳，見出し語→例文（英語）

1 QRコードを読み取る

各単元の冒頭についている，QRコードを読み取ってください。

1　とてもよく出る単語　動詞①

001～016

2 PC・スマートフォンからアクセスする

WEBサイト **https://listening.bunri.co.jp/** へアクセスし，
アクセスコード [CQWNH] を入力してください。

3 音声をダウンロードする

文理ホームページよりダウンロードも可能です。

URL：https://portal.bunri.jp/kaeru/eiken-tango/appendix.html

※【スマホ推奨ブラウザ】iOS 端末：Safari　Android 端末：標準ブラウザ，Chrome

この本の使い方 単語帳とテストブック

英単語を絶対に忘れないために，本書のおすすめの使い方を紹介します。

1回分の使い方

単語帳

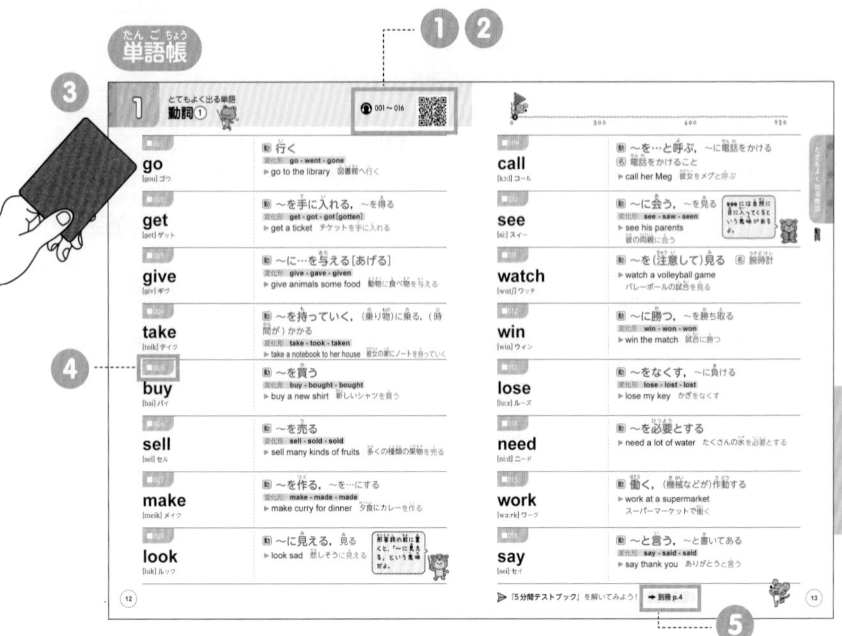

1 とてもよく出る単語 動詞①

001～016

001 **go** [gou] ゴウ	動 行く 変化形 go - went - gone ▶ go to the library 図書館へ行く
002 **get** [get] ゲット	動 ～を手に入れる，～を得る 変化形 get - got - got[gotten] ▶ get a ticket チケットを手に入れる
003 **give** [giv] ギヴ	動 ～に…を与える[あげる] 変化形 give - gave - given ▶ give animals some food 動物に食べ物を与える
004 **take** [teik] テイク	動 ～を持っていく，(乗り物)に乗る，(時間が)かかる 変化形 take - took - taken ▶ take a notebook to her house 彼女の家にノートを持っていく
005 **buy** [bai] バイ	動 ～を買う 変化形 buy - bought - bought ▶ buy a new shirt 新しいシャツを買う
006 **sell** [sel] セル	動 ～を売る 変化形 sell - sold - sold ▶ sell many kinds of fruits 多くの種類の果物を売る
007 **make** [meik] メイク	動 ～を作る，～を…にする 変化形 make - made - made ▶ make curry for dinner 夕食にカレーを作る
008 **look** [luk] ルック	動 ～に見える，見る ▶ look sad 悲しそうに見える
009 **call** [kɔːl] コール	動 ～を…と呼ぶ，～に電話をかける 名 電話をかけること ▶ call her Meg 彼女をメグと呼ぶ
010 **see** [siː] スィー	動 ～に会う，～を見る 変化形 see - saw - seen ▶ see his parents 彼の両親に会う
011 **watch** [wɑtʃ] ワッチ	動 ～を(注意して)見る 名 腕時計 ▶ watch a volleyball game バレーボールの試合を見る
012 **win** [win] ウィン	動 ～に勝つ，～を勝ち取る 変化形 win - won - won ▶ win the match 試合に勝つ
013 **lose** [luːz] ルーズ	動 ～をなくす，～に負ける 変化形 lose - lost - lost ▶ lose my key かぎをなくす
014 **need** [niːd] ニード	動 ～を必要とする ▶ need a lot of water たくさんの水を必要とする
015 **work** [wəːrk] ワーク	動 働く，(機械などが)作動する ▶ work at a supermarket スーパーマーケットで働く
016 **say** [sei] セイ	動 ～と言う，～と書いてある 変化形 say - said - said ▶ say thank you ありがとうと言う

▶「5分間テストブック」を解いてみよう！ ➡別冊 p.4

HOW TO USE

❶ **単語音声を聞く** 「見出し語→見出し語の和訳」の音声を聞きます。音とあわせて単語のつづりを確認しましょう。

❷ **フレーズや例文の音声を聞く** フレーズや例文の音声を聞きます。

❸ **赤シートで確認する** 見出し語の和訳を隠しておぼえているかどうか確認します。

❹ **チェックする** すぐに意味が思い浮かばなかった単語にはチェックをつけておきます。復習して完全に身についていたら，チェックを消しましょう。

❺ **別冊のテストブックに挑戦する** テストブックの該当のページを開きましょう。

単語学習アプリどこでもワーク

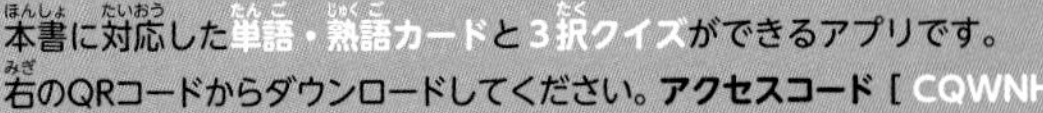

本書に対応した**単語・熟語カード**と**3択クイズ**ができるアプリです。
右のQRコードからダウンロードしてください。**アクセスコード［ CQWNH ］**

※音声配信サービスおよび「どこでもワーク」は無料ですが，別途各通信会社の通信料がかかります。
※お客様のネット環境および端末によりご利用いただけない場合がございます。

テストブック

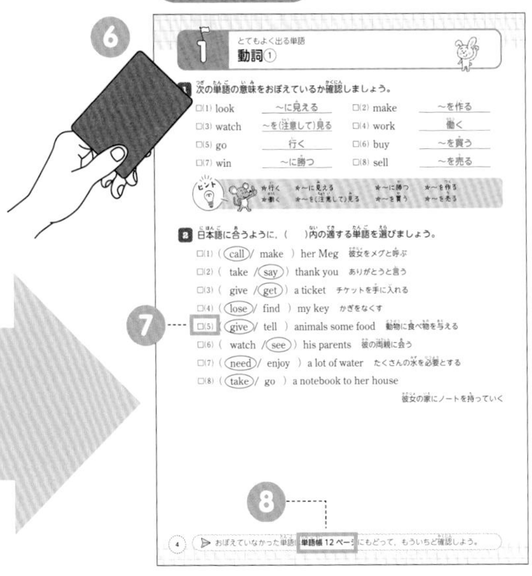

6

1 とてもよく出る単語
動詞①

1 次の単語の意味をおぼえているか確認しましょう。

□(1) look	～に見える	□(2) make	～を作る
□(3) watch	～を(注意して)見る	□(4) work	働く
□(5) go	行く	□(6) buy	～を買う
□(7) win	～に勝つ	□(8) sell	～を売る

ヒント ★行く ★～に見える ★～に勝つ ★～を作る ★働く ★～を(注意して)見る ★～を買う ★～を売る

2 日本語に合うように，(　　)内の適する単語を選びましょう。

□(1) (call / make) her Meg 彼女をメグと呼ぶ
□(2) (take / say) thank you ありがとうと言う
□(3) (give / get) a ticket チケットを手に入れる
□(4) (lose / find) my key かぎをなくす
7 □(5) (give / tell) animals some food 動物に食べ物を与える
□(6) (watch / see) his parents 彼の両親に会う
□(7) (need / enjoy) a lot of water たくさんの水を必要とする
□(8) (take / go) a notebook to her house 彼女の家にノートを持っていく

8

4 おぼえていなかった単語は単語帳 12 ページにもどって，もういちど確認しよう。

単語帳で
おぼえたあとに，
テストでチェック。
スキマ時間は
どこでもワークを
活用すればカンペキ！

❻ **テストをとく** 赤シートを使ってテストをときます。
テストでは単語帳の見開き２ページで学習したすべての単語の確認ができます。

❼ **チェックする** わからなかった単語にはチェックをつけておきます。

❽ **単語帳対応ページを確認する** テストで間違えたところは単語帳にもどってもう一度確認しましょう。

この本の使い方　タイプ別学習方法

英単語を絶対に忘れないために，本書のおすすめの使い方を紹介します。

本番まで2か月　コツコツゆっくりコース

スタート！

2か月前	1か月前	本番

平日は1単元×5日　週末は2単元×2日

チェックが入った単語を復習

2か月お疲れ様！チェックが入った単語を総復習しよう！

本番まで1か月　週末集中コース

スタート！

1か月前	本番

週末に9単元×2日

平日のスキマ時間に『**どこでもワーク**』で強化！

スキマ時間をうまく使えたかな？チェックが入った単語を見直そう！

本番まで2週間　直前追い込みコース

スタート！

2週間前	本番

平日は4単元×5日　週末は7単元×2日

3日に1回チェックが入った単語を復習

短い期間でよくがんばったね！チェックが入った単語を中心に仕上げよう！

あなたはどのコースで学習する？

○をつけて，進め方の参考にしましょう。

コツコツゆっくりコース　／　週末集中コース　／　直前追い込みコース

予定にあわせて，1日の単元数を調節してね！

とてもよく出る単語400

この章では英検で
とてもよく出る単語を学習するよ！
くりかえし学習して確実に身につけよう！

動詞①

001〜016

■001

go

[gou] ゴウ

動 行く

変化形 **go - went - gone**

▶ go to the library 図書館へ行く

■002

get

[get] ゲット

動 〜を手に入れる，〜を得る

変化形 **get - got - got[gotten]**

▶ get a ticket チケットを手に入れる

■003

give

[giv] ギヴ

動 〜に…を与える[あげる]

変化形 **give - gave - given**

▶ give animals some food 動物に食べ物を与える

■004

take

[teik] テイク

動 〜を持っていく，(乗り物)に乗る，(時間が)かかる

変化形 **take - took - taken**

▶ take a notebook to her house 彼女の家にノートを持っていく

■005

buy

[bai] バイ

動 〜を買う

変化形 **buy - bought - bought**

▶ buy a new shirt 新しいシャツを買う

■006

sell

[sel] セル

動 〜を売る

変化形 **sell - sold - sold**

▶ sell many kinds of fruits 多くの種類の果物を売る

■007

make

[meik] メイク

動 〜を作る，〜を…にする

変化形 **make - made - made**

▶ make curry for dinner 夕食にカレーを作る

■008

look

[luk] ルック

動 〜に見える，見る

▶ look sad 悲しそうに見える

形容詞の前に置くと，「〜に見える」という意味だよ。

■009

call

[kɔ:l] コール

動 ～を…と呼ぶ，～に電話をかける
名 電話をかけること

▶ call her Meg　彼女をメグと呼ぶ

■010

see

[si:] スィー

動 ～に会う，～を見る

変化形　**see - saw - seen**

▶ see his parents
彼の両親に会う

seeには自然に目に入ってくるという意味があるよ。

■011

watch

[wɑtʃ] ワッチ

動 ～を(注意して)見る　名 腕時計

▶ watch a volleyball game
バレーボールの試合を見る

■012

win

[win] ウィン

動 ～に勝つ，～を勝ち取る

変化形　**win - won - won**

▶ win the match　試合に勝つ

■013

lose

[lu:z] ルーズ

動 ～をなくす，～に負ける

変化形　**lose - lost - lost**

▶ lose my key　かぎをなくす

■014

need

[ni:d] ニード

動 ～を必要とする

▶ need a lot of water　たくさんの水を必要とする

■015

work

[wə:rk] ワーク

動 働く，(機械などが)作動する

▶ work at a supermarket
スーパーマーケットで働く

■016

say

[sei] セイ

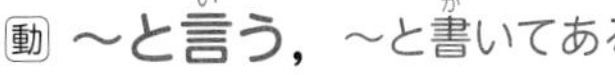
動 ～と言う，～と書いてある

変化形　**say - said - said**

▶ say thank you　ありがとうと言う

『5分間テストブック』を解いてみよう！　➜ 別冊 p.4

017～032

■017

tell

[tel] テル

動 ～に…を話す[教える]，～を言う

変化形 **tell - told - told**

▶ tell him the news 彼にその知らせを話す

■018

speak

[spi:k] スピーク

動 ～を話す

変化形 **speak - spoke - spoken**

▶ speak English well じょうずに英語を話す

■019

leave

[li:v] リーヴ

動 ～を置き忘れる，～を出発する

変化形 **leave - left - left**

▶ leave my cap by the door
ドアのそばに帽子を置き忘れる

■020

start

[stɑ:rt] スタート

動 ～を始める，始まる

▶ start a new job 新しい仕事を始める

■021

begin

[bigín] ビギン

動 ～を始める，始まる

変化形 **begin - began - begun**

▶ begin the lesson 授業を始める

■022

finish

[fíniʃ] フィニシ

動 ～を終える，終わる

▶ finish my homework 宿題を終える

■023

arrive

[əráiv] アライヴ

動 到着する

▶ arrive at the airport
空港に到着する

get to ～でも「～に到着する」を表すことができるよ。

■024

reach

[ri:tʃ] リーチ

動 ～に着く，～に届く

▶ reach the top of the mountain 山の頂上に着く

□025

find

[faind] ファインド

動 ～を見(み)つける，～とわかる

変化形 **find - found - found**

▶ find his car　彼(かれ)の車(くるま)を見(み)つける

□026

stop

[stɑp] スタップ

動 止(と)まる，～を止(と)める

名 (バスなどの)停留所(ていりゅうじょ)，止(と)まること

▶ stop at the station　駅(えき)で止(と)まる

□027

enjoy

[indʒɔ́i] インヂョイ

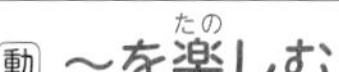

動 ～を楽(たの)しむ

▶ enjoy the summer vacation 夏休(なつやす)みを楽(たの)しむ

動詞(どうし)の～ing形(けい)をあとに続(つづ)けることもできるよ。

□028

clean

[kli:n] クリーン

動 ～をきれいにする，～を掃除(そうじ)する

形 きれいな，清潔(せいけつ)な

▶ clean the desk　机(つくえ)をきれいにする

□029

stay

[stei] ステイ

動 滞在(たいざい)する

名 滞在(たいざい)

▶ stay in Hokkaido　北海道(ほっかいどう)に滞在(たいざい)する

□030

happen

[hæpn] ハプン

動 起(お)こる

▶ What will happen?　何(なに)が起(お)こるでしょうか。

□031

plan

[plæn] プラン

動 ～を計画(けいかく)する

名 予定(よてい)，計画(けいかく)

▶ plan a party　パーティーを計画(けいかく)する

□032

swim

[swim] スウィム

動 泳(およ)ぐ

変化形 **swim - swam - swum**

▶ swim fast　速(はや)く泳(およ)ぐ

▷『5分間テストブック』を解いてみよう！　➡ 別冊 p.5

動詞③

033～048

033

open
[oupn] オウプン

動 ～を開ける，開く
形 開いている
▶ open the window　窓を開ける

034　発音

close
[klouz] クロウズ

動 ～を閉める，閉まる
形 近い[klous]
▶ close the shop　店を閉める

035

shut
[ʃʌt] シャット

動 ～を閉める，閉まる
変化形　**shut - shut - shut**
▶ shut the door　ドアを閉める

036

bring
[briŋ] ブリング

動 ～を持ってくる，～を連れてくる
変化形　**bring - brought - brought**
▶ bring my umbrella with me　かさを持ってくる

037

hope
[houp] ホウプ

動 ～を望む，～を願う
▶ I hope that you like the present.
私はあなたがプレゼントを気に入ることを望みます。

目的語は〈to＋動詞の原形〉にもできるよ。

038

practice
[prǽktis] プラクティス

動 ～を練習する
▶ practice judo　柔道を練習する

039

become
[bikʌ́m] ビカム

動 ～になる
変化形　**become - became - become**
▶ become sick　病気になる

040

join
[dʒɔin] ヂョイン

動 ～に加わる，～に参加する
▶ join the tennis team　テニス部に加わる

■041

move

[mu:v] ムーヴ

動 引っ越す，～を動かす

▶ move to the next city　隣の市に引っ越す

■042

try

[trai] トゥライ

動 ～を試す，努力する

▶ try my English skills　自分の英語力を試す

■043

show

[ʃou] ショウ

動 ～に…を見せる，～を見せる

変化形　**show - showed - shown [showed]**

▶ show them a map　彼らに地図を見せる

〈show＋人＋もの〉や〈show＋もの＋to＋人〉の形で使うよ。

■044

forget

[fərgét] フォゲット

動 ～を忘れる

変化形　**forget - forgot - forgot [forgotten]**

▶ forget the appointment　約束を忘れる

■045

remember

[rimémbər] リメンバァ

動 ～を思い出す，～をおぼえている

▶ remember the words　その言葉を思い出す

■046

rain

[rein] レイン

動 雨が降る

名 雨

▶ rain hard　激しく雨が降る

■047

snow

[snou] スノウ

動 雪が降る

名 雪

▶ snow heavily　激しく雪が降る

■048

sound

[saund] サウンド

動 ～に聞こえる，音がする

名 音

▶ sound interesting　おもしろそうに聞こえる

『5分間テストブック』を解いてみよう！　➡ 別冊 p.6

動詞④

049

hear

[hiər] ヒア

動 ～が聞こえる，～を聞く

変化形 hear - heard - heard

▶ hear a small sound 小さな音が聞こえる

050

borrow

[bárou, bɔ́:rou] バロウ，ボーロウ

動 ～を借りる

▶ borrow a book 本を借りる

051

lend

[lend] レンド

動 ～を貸す

変化形 lend - lent - lent

▶ lend a bicycle 自転車を貸す

052

put

[put] プット

動 ～を置く

変化形 put - put - put

▶ put a vase on the table
テーブルの上に花びんを置く

053

build

[bild] ビルド

動 ～を建てる，～を造る

変化形 build - built - built

▶ build a house
家を建てる

橋や船などを「造る」と言うときも build を使うよ。

054

travel

[trævl] トゥラヴル

動 旅行する

▶ travel around the world 世界中を旅行する

055

learn

[lə:rn] ラーン

動 ～を習う，～を学ぶ

▶ learn how to play the guitar
ギターの弾き方を習う

056

decide

[disáid] ディサイド

動 ～を決める

▶ decide where to go どこへ行くかを決める

□057

worry
[wə́ːri] ワーリィ

動 心配する，～を心配させる　名 心配

▶ worry about making mistakes
間違うことを心配する

□058

drive
[draiv] ドゥライヴ

動 (人)を車で送る，～を運転する

変化形 **drive - drove - driven**

▶ drive my son to the station
駅まで息子を車で送る

□059

ride
[raid] ライド

動 ～に乗る

変化形 **ride - rode - ridden**

▶ ride a unicycle　一輪車に乗る

□060

miss
[mis] ミス

動 ～に乗り遅れる，～がいなくてさびしく思う

▶ miss the train
電車に乗り遅れる

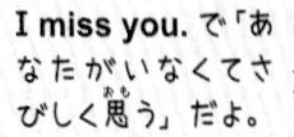

I miss you. で「あなたがいなくてさびしく思う」だよ。

□061

catch
[kætʃ] キャッチ

動 ～をつかまえる，～に間に合う

変化形 **catch - caught - caught**

▶ catch fish　魚をつかまえる

□062

break
[breik] ブレイク

動 ～を割る，～を折る，～を壊す

変化形 **break - broke - broken**

▶ break the window　窓を割る

□063

send
[send] センド

動 ～を送る

変化形 **send - sent - sent**

▶ send an e-mail　E メールを送る

□064

invite
[inváit] インヴァイト

動 ～を招待する

▶ invite my friend to the party
パーティーに友達を招待する

『5分間テストブック』を解いてみよう！　➡ 別冊 p.7

065 〜 080

065
fall
[fɔ:l] フォール

動 落ちる
変化形 **fall - fell - fallen**
▶ fall off the tree　木から落ちる

066
pass
[pæs] パス

動 〜に合格する，〜を手渡す
▶ pass the exam　試験に合格する

067
grow
[grou] グロウ

動 〜を栽培する，育つ
変化形 **grow - grew - grown**
▶ grow fruit　果物を栽培する

068
check
[tʃek] チェック

動 〜を確認する，〜を調べる
▶ check the news on the Internet
インターネットでニュースを確認する

069
paint
[peint] ペイント

動 (絵の具で)〜を描く，〜にペンキを塗る
名 ペンキ，絵の具
▶ paint a picture　絵を描く

070
order
[ɔ́:rdər] オーダァ

動 〜を注文する
名 注文
▶ order an omelet　オムレツを注文する

レストランや買い物などの場面でよく使うよ。

071
cost
[kɔ:st] コースト

動 (費用)がかかる
名 値段，費用
変化形 **cost - cost - cost**
▶ cost 1,000 yen　1,000円がかかる

072
pay
[pei] ペイ

動 〜を支払う
▶ pay 10 dollars for a ticket
チケットに10ドルを支払う

073

draw

[drɔ:] ドゥロー

動 (線)を引く，(絵・図)を描く

変化形 **draw - drew - drawn**

▶ draw a line　線を引く

074

hold

[hould] ホウルド

動 (会など)を開く，～を持つ

変化形 **hold - held - held**

▶ hold an event　イベントを開く

075

wear

[weər] ウェア

動 ～を着ている，～を身につけている

変化形 **wear - wore - worn**

▶ wear a kimono　着物を着ている

076

sleep

[sli:p] スリープ

動 眠る

名 眠り

変化形 **sleep - slept - slept**

▶ sleep well　よく眠る

形容詞は sleepy「眠い」だよ。

077　発音

laugh

[læf] ラフ

動 (声を出して)笑う

名 笑い，笑い声

▶ laugh at the story　その話に笑う

078

turn

[tə:rn] ターン

動 曲がる，回る

▶ turn left at the next corner　次の角で左に曲がる

079

return

[ritə́:rn] リターン

動 ～を返す，戻る

▶ return the book　本を返す

080

save

[seiv] セイヴ

動 ～を貯める，～を救う

▶ save money　お金を貯める

『5分間テストブック』を解いてみよう！　➡ 別冊 p.8

081～096

□081
meeting
[míːtiŋ] ミーティング

名 会議，会合
▶ have a meeting 会議がある

□082
goal
[goul] ゴウル

名 (サッカーなどの)ゴール，目標
▶ get a goal ゴールを決める

□083
team
[tiːm] ティーム

名 チーム，組
▶ the basketball team
バスケットボールチーム

「私は～チームに所属しています」は I'm on ～ team. と言うよ。

□084
store
[stɔːr] ストー(ァ)

名 店
▶ own a store 店を所有する

□085
restaurant
[réstərənt] レストラント

名 料理店，レストラン
▶ a Japanese restaurant 日本料理店

□086
question
[kwéstʃən] クウェスチョン

名 質問
▶ ask him a question 彼に質問をする

□087
food
[fuːd] フード

名 料理，食べ物
▶ Italian food イタリア料理

□088
trip
[trip] トゥリップ

名 旅行
▶ a trip to Canada カナダへの旅行

089

festival

[féstəvl] フェスティヴル

名 祭り

▶ a traditional festival　伝統的な祭り

090

race

[reis] レイス

名 レース，競走

▶ win a race　レースに勝つ

091

weekend

[wí:kend] ウィークエンド

名 週末

▶ this weekend　今週末

092

month

[mʌnθ] マンス

名 (暦の上の)月

▶ once a month　月に1度

093

date

[deit] デイト

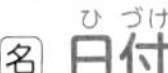
名 日付

▶ the date of the event　イベントの日付

094　発音

hour

[auə*r*] アウア

名 1時間

▶ for an hour　1時間

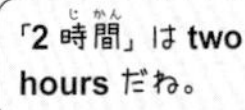

「2時間」はtwo hours だね。

095　発音

minute

[mínit] ミニト

名 (時間の)分，ちょっとの間

▶ one minute later
1分後

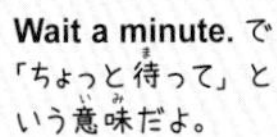

Wait a minute. で「ちょっと待って」という意味だよ。

096

garden

[gá:*r*dn] ガードゥン

名 庭

▶ a large garden　広い庭

『5分間テストブック』を解いてみよう！　➜ 別冊 p.9

097
station
[stéiʃn] ステイション

名 駅(えき)
▶ get to the station　駅に着く

098
floor
[flɔːr] フロー(ァ)

名 (建物(たてもの)の)階(かい)，床(ゆか)
▶ the second floor　2階

099
place
[pleis] プレイス

名 場所(ばしょ)
▶ a place to visit　訪れるべき場所

100
supermarket
[súːpərmɑːrkit] スーパマーケト

名 スーパーマーケット
▶ get some eggs at the supermarket
スーパーマーケットで卵を買う

101
job
[dʒɑb] ヂャブ

名 仕事(しごと)
▶ my father's job　父の仕事

102
science
[sáiəns] サイエンス

名 理科(りか)，科学(かがく)
▶ study science　理科を勉強する

103　アクセント
idea
[aidíːə] アイディーア

名 考え(かんがえ)，アイデア
▶ a good idea　よい考え

104
subject
[sʌ́bdʒikt] サブヂェクト

名 (Eメールなどの)件名(けんめい)，教科(きょうか)
▶ the subject of an e-mail
Eメールの件名

Eメールを扱った問題でよく出てくるよ。

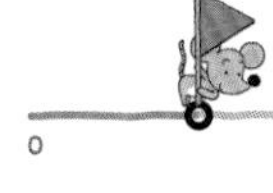

□105
movie
[mú:vi] ムーヴィ

名 映画（えいが）

▶ a movie theater　映画館（えいがかん）

□106
ice
[ais] アイス

名 氷（こおり）

▶ turn into ice　氷（こおり）になる

□107
ticket
[tíkit] ティケト

名 チケット，切符（きっぷ）

▶ a ticket for the concert　コンサートのチケット

□108
train
[trein] トゥレイン

名 電車（でんしゃ），列車（れっしゃ）

動 ～を訓練（くんれん）する

▶ take a train　電車（でんしゃ）に乗（の）る

□109
parent
[péərənt] ペ(ア)レント

名 (複数形（ふくすうけい）で)両親（りょうしん），親（おや）

▶ my parents　私（わたし）の両親（りょうしん）

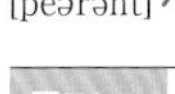

□110
husband
[hʌ́zbənd] ハズバンド

名 夫（おっと）

▶ my husband　私（わたし）の夫（おっと）

□111
wife
[waif] ワイフ

名 妻（つま）

▶ Sam's wife　サムの妻（つま）

□112

child
[tʃaild] チャイルド

名 子（こ）ども

▶ a little child　小（ちい）さい子（こ）ども

child の複数（ふくすう）形（けい）は children だよ。

『5分間テストブック』を解いてみよう！　➡ 別冊 p.10

8 とてもよく出る単語 名詞③

113～128

■113
sport
[spɔːrt] スポート

名 スポーツ
▶ play sports　スポーツをする

■114
problem
[prɑ́bləm] プラブレム

名 問題
▶ solve a problem　問題を解決する

■115
lesson
[lésn] レスン

名 レッスン，授業
▶ a piano lesson　ピアノのレッスン

■116
bike
[baik] バイク

名 自転車
▶ ride a bike　自転車に乗る

■117
kind
[kaind] カインド

名 種類　形 親切な
▶ What kind of flowers do you like?
どんな種類の花が好きですか。

■118
money
[mʌ́ni] マニィ

名 お金
▶ get a lot of money
たくさんのお金を手に入れる

money「お金」は数えられない名詞だよ。

■119
dollar
[dɑ́lər] ダラァ

名 ドル
▶ one dollar　1ドル

■120
beach
[biːtʃ] ビーチ

名 浜辺，砂浜
▶ play on the beach　浜辺で遊ぶ

0
300
600
920

121

million
[míljən] ミリョン

名 100万
形 100万の
▶ one million dollars　100万ドル

122

billion
[bíljən] ビリョン

名 10億
形 10億の
▶ one billion dollars　10億ドル

123

present
[preznt] プレズント

名 プレゼント
▶ a Christmas present　クリスマスプレゼント

124

fun
[fʌn] ファン

名 楽しみ
▶ a lot of fun　多くの楽しみ

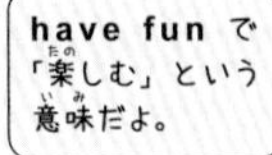
have fun で「楽しむ」という意味だよ。

125

part
[pɑːrt] パート

名 部分，役目
▶ a part of the body　体の部分

126

pool
[puːl] プール

名 プール
▶ a swimming pool　水泳プール

127

center
[séntər] センタァ

名 (施設としての)センター，中心
▶ a shopping center　ショッピングセンター

128

vacation
[veikéiʃn] ヴェイケイション

名 休み，休暇
▶ the summer vacation　夏休み

『5分間テストブック』を解いてみよう！ ➜ 別冊 p.11

名詞④

129
coach
[koutʃ] コウチ

名 コーチ，指導者
▶ a soccer coach　サッカーのコーチ

130
cold
[kould] コウルド

名 かぜ
形 寒い，冷たい
▶ catch a cold　かぜをひく

131
daughter
[dɔ́:tə*r*] ドータァ

名 娘
▶ my daughter　私の娘

132
grandfather
[grǽn*d*fɑ:ðə*r*] グラン(ドゥ)ファーザァ

名 祖父
▶ visit my grandfather　祖父を訪ねる

133
Internet
[íntə*r*net] インタネト

名 インターネット
▶ buy a T-shirt on the Internet
インターネットでTシャツを買う

ふつう，前に the をつけて使うよ。

134
art
[ɑ:*r*t] アート

名 美術，芸術
▶ the art club　美術部

135
horse
[hɔ:*r*s] ホース

名 馬
▶ ride a horse　馬に乗る

136
history
[hístəri] ヒストゥリィ

名 歴史
▶ Japanese history　日本の歴史

□137

report

[ripɔ́:rt] リポート

㊔ レポート，報告
㊍ ～を報告する
▶ write a report　レポートを書く

□138

university

[ju:nəvə́:rsəti] ユーニヴァースィティ

㊔ 大学，総合大学
▶ study art at university　大学で美術を学ぶ

□139

sir

[sər] サァ

㊔ (男性に対して)お客様，先生

▶ Here is your coffee, sir.
コーヒーをお持ちしました，お客様。

店などで，接客するときに使うことが多いよ。

□140

zoo

[zu:] ズー

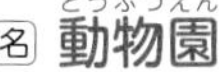

㊔ 動物園
▶ take the children to the zoo
子どもたちを動物園へ連れていく

□141　▼アクセント

museum

[mju:zí:əm] ミューズィーアム

㊔ 博物館，美術館
▶ visit the museum　博物館を訪れる

□142　発音

stadium

[stéidiəm] ステイディアム

㊔ 競技場，スタジアム
▶ go to the soccer stadium
サッカーの競技場へ行く

□143　▼アクセント

hotel

[houtél] ホウテル

㊔ ホテル
▶ stay at a hotel　ホテルに滞在する

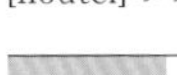

□144

office

[ɔ́:fis] オーフィス

㊔ 事務所，会社
▶ work in the office　事務所で働く

▷『5分間テストブック』を解いてみよう！　➡ 別冊 p.12

145～160

145
pie
[pai] パイ
名 パイ
▶ an apple pie アップルパイ

146
weather
[wéðər] ウェザァ
名 天候(てんこう), 天気(てんき)
▶ bad weather 悪天候(あくてんこう)

147
member
[mémbər] メンバァ
名 一員(いちいん), メンバー
▶ a member of the baseball team 野球部(やきゅうぶ)の一員(いちいん)

148
thing
[θiŋ] スィング
名 こと, もの
▶ learn a new thing 新(あたら)しいことを学(まな)ぶ

149
rose
[rouz] ロウズ
名 バラ
▶ a rose garden バラ園(えん)

150 発音
clothes
[klouz] クロウズ
名 衣服(いふく)
▶ change clothes 衣服(いふく)を着替(きが)える

a clothes store で「衣料品店(いりょうひんてん)」のことだよ。

151
street
[stri:t] ストゥリート
名 通(とお)り
▶ walk on the street 通(とお)りを歩(ある)く

152
theater
[θí:ətər] スィーアタァ
名 劇場(げきじょう), 映画館(えいがかん)
▶ a theater in New York ニューヨークの劇場(げきじょう)

0 300 600 920

153

farm

[fɑːrm] ファーム

名 農場

▶ run a farm 農場を経営する

154

cafeteria

[kæfətíəriə] キャフィ**ティ**(ア)リア

名 カフェテリア

▶ have lunch at a cafeteria カフェテリアで昼食をとる

155

bookstore

[búkstɔːr] **ブ**クストー(ァ)

名 書店

▶ a bookstore near my school 学校の近くの書店

156

bank

[bæŋk] **バ**ンク

名 銀行

▶ go to the bank 銀行へ行く

157

dish

[diʃ] **ディ**ッシ

名 料理，皿

▶ an egg dish 卵料理

158

vegetable

[védʒətəbl] **ヴェ**ヂタブル

名 野菜

▶ fresh vegetables 新鮮な野菜

159

pizza

[píːtsə] **ピー**ツァ

名 ピザ

▶ take out pizza ピザを持ち帰る

160

sandwich

[sǽndwitʃ] **サ**ン(ドゥ)ウィチ

名 サンドイッチ

▶ make a sandwich サンドイッチを作る

『5分間テストブック』を解いてみよう！ ➜ 別冊 p.13

161～176

161

England
[íŋglənd] イングランド

名 イングランド
▶ Northern England
イングランド北部

イングランドはイギリスを構成する地域の1つだよ。

162

newspaper
[njú:zpeipər] ニューズペイパァ

名 新聞
▶ read a newspaper　新聞を読む

163

website
[wébsait] ウェブサイト

名 ウェブサイト
▶ check the website　ウェブサイトを確認する

164

way
[wei] ウェイ

名 道，方法
▶ on the way home　帰り道で

165

color
[kʌ́lər] カラァ

名 色
▶ the color of the roof　屋根の色

166

tour
[tuər] トゥア

名 旅行，ツアー
▶ take a tour　旅行する

167

event
[ivént] イヴェント

名 イベント，行事
▶ join the event　イベントに参加する

168

company
[kʌ́mpəni] カンパニィ

名 会社
▶ a food company　食品会社

169
gym
[dʒim] ヂム
名 体育館，ジム
▶ exercise in a gym　体育館で運動する

170
classroom
[klǽsruːm] クラスルーム
名 教室
▶ go into a classroom　教室に入る

171
grandmother
[grǽndmʌðər] グラン(ドゥ)マザァ
名 祖母
▶ talk with my grandmother
祖母と話す

親しみをこめて **grandma**「おばあちゃん」と言うこともあるよ。

172
grandparent
[grǽndpeərənt] グラン(ドゥ)ペ(ア)レント
名 (複数形で) 祖父母
▶ meet my grandparents　祖父母と会う

173　発音
son
[sʌn] サン
名 息子
▶ Mr. Smith's son　スミスさんの息子

174
uncle
[ʌŋkl] アンクル
名 おじ
▶ the house built by my uncle
おじによって建てられた家

175　発音
cousin
[kʌzn] カズン
名 いとこ
▶ play tennis with my cousin
いとことテニスをする

176
country
[kʌ́ntri] カントゥリィ
名 国，いなか
▶ a country in Africa　アフリカの国

『5分間テストブック』を解いてみよう！　➡ 別冊 p.14

177～192

177
France
[fræns] フランス

名 フランス
▶ the history of France フランスの歴史

178
French
[frentʃ] フレンチ

名 フランス語，フランス人
形 フランスの，フランス語[人]の
▶ learn French フランス語を学ぶ

179
Thailand
[táilænd] タイランド

名 タイ
▶ old buildings in Thailand タイの古い建築物

180
end
[end] エンド

名 終わり
動 ～を終える，終わる
▶ the end of summer 夏の終わり

181
painting
[péintiŋ] ペインティング

名 絵，絵を描くこと
▶ an expensive painting 高価な絵

絵の具などを使って描いた絵のことだよ。

182
speech
[spi:tʃ] スピーチ

名 演説，スピーチ
▶ give a speech 演説をする

183
prize
[praiz] プライズ

名 賞，賞品
▶ give a prize 賞を与える

184
concert
[kɑ́nsərt] カンサート

名 コンサート，演奏会
▶ a rock concert ロックのコンサート

185

band

[bænd] バンド

名 バンド，楽団（がくだん）

▶ a rock band　ロックバンド

186

rocket

[rɑ́kit] ラケト

名 ロケット

▶ draw a picture of a rocket　ロケットの絵（え）を描（か）く

187

visitor

[vízitər] ヴィズィタァ

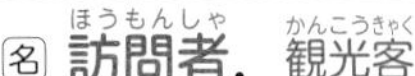

名 訪問者（ほうもんしゃ），観光客（かんこうきゃく）

▶ welcome a visitor
訪問者（ほうもんしゃ）を歓迎（かんげい）する

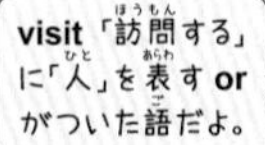

visit「訪問（ほうもん）する」
に「人（ひと）」を表（あらわ）す or
がついた語（ご）だよ。

188

animal

[ǽnəml] アニマル

名 動物（どうぶつ）

▶ a wild animal　野生動物（やせいどうぶつ）

189

bear

[beər] ベア

名 クマ

▶ a polar bear　ホッキョクグマ

190

information

[infərméiʃn] インフォメイション

名 情報（じょうほう）

▶ information about the accident
事故（じこ）に関（かん）する情報（じょうほう）

191

computer

[kəmpjú:tər] コンピュータァ

名 コンピューター

▶ use a computer　コンピューターを使（つか）う

192

area

[éəriə] エ(ア)リア

名 区域（くいき），地域（ちいき）

▶ a parking area　駐車区域（ちゅうしゃくいき）

『5分間テストブック』を解いてみよう！　➜ 別冊 p.15

13 とてもよく出る単語 名詞⑧

193～208

■193
hall
[hɔːl] ホール
名 役所，ホール
▶ a city hall 市役所

■194
aquarium
[əkwéəriəm] アクウェ(ア)リアム
名 水族館
▶ dolphins in an aquarium 水族館のイルカ

■195
star
[stɑːr] スター
名 星，(映画・スポーツ選手などの)スター
▶ a shooting star 流れ星

■196
mountain
[máuntən] マウンテン
名 山
▶ climb a mountain 山に登る

■197
holiday
[hɑ́lədèi] ハリデイ
名 休日，祝日
▶ enjoy the holiday 休日を楽しむ

■198
snack
[snæk] スナック
名 おやつ，軽い食事
▶ have a snack おやつを食べる

■199
sale
[seil] セイル
名 セール，特売
▶ a winter sale 冬のセール

■200
writer
[ráitər] ライタァ
名 作家，書く人
▶ want to be a writer 作家になりたい

write「～を書く」に「人」を表すerがついた語だよ。

□201
dress
[dres] ドゥレス

名 ドレス
▶ put on a dress for a party
パーティーのためにドレスを着る

□202
key
[ki:] キー

名 かぎ
▶ look for a key　かぎを探す

□203
price
[prais] プライス

名 値段，価格
▶ a lower price　より安い値段

□204
war
[wɔ:r] ウォー(ァ)

名 戦争
▶ end the war　戦争をやめる

□205
college
[kálidʒ] カレヂ

名 大学，単科大学
▶ a college student　大学生

□206
dictionary
[díkʃəneri] ディクショネリィ

名 辞書
▶ an electronic dictionary　電子辞書

□207
business
[bíznis] ビズネス

名 商売，仕事
▶ start a business
商売を始める

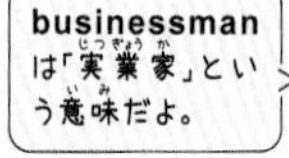
businessman
は「実業家」とい
う意味だよ。

□208
letter
[létər] レタァ

名 手紙，文字
▶ read a letter　手紙を読む

『5分間テストブック』を解いてみよう！　➔ 別冊 p.16

209〜224

■209 発音

tournament

[túərnəmənt] トゥアナメント

名 選手権大会，トーナメント

▶ a volleyball tournament　バレーボール選手権大会

■210

pumpkin

[pʌ́mpkin] パン(プ)キン

名 カボチャ

▶ pumpkin soup　カボチャスープ

■211 発音

fruit

[fru:t] フルート

名 果物

▶ a lot of fruit　たくさんの果物

■212 アクセント

chocolate

[tʃɔ́:kəlit] チョーコレト

名 チョコレート

▶ a chocolate cake　チョコレートケーキ

■213

breakfast

[brékfəst] ブレクファスト

名 朝食

▶ eat an egg for breakfast　朝食に卵を食べる

■214

nurse

[nə:rs] ナース

名 看護師

▶ work as a nurse　看護師として働く

■215

doctor

[dáktər] ダクタァ

名 医者，博士

▶ see a doctor　医者に診てもらう

■216

actor

[ǽktər] アクタァ

名 俳優

▶ a film actor　映画俳優

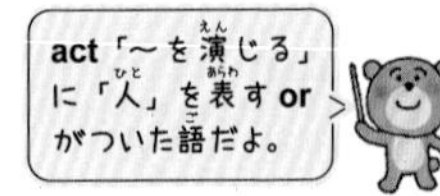

act「〜を演じる」に「人」を表すorがついた語だよ。

□217
textbook
[tékstbuk] テクストゥブク

名 教科書
▶ a math textbook　数学の教科書

□218
magazine
[mæɡəzíːn] マガズィーン

名 雑誌
▶ buy a magazine　雑誌を買う

□219
mystery
[místəri] ミステリィ

名 推理小説，ミステリー
▶ a mystery writer　推理小説作家

□220
paper
[péipər] ペイパァ

名 紙
▶ a paper bag　紙袋

□221
phone
[foun] フォウン

名 電話
▶ a phone number　電話番号

□222
town
[taun] タウン

名 町
▶ live in a small town
小さな町に住む

city「市」よりも規模が小さいよ。

□223
coat
[kout] コウト

名 コート，上着
▶ a fur coat　毛皮のコート

□224
café
[kæféi] キャフェイ

名 喫茶店
▶ drink coffee at a café　喫茶店でコーヒーを飲む

『5分間テストブック』を解いてみよう！　➡ 別冊 p.17

15 とてもよく出る単語 名詞⑩

225

future

[fjúːtʃər] フューチァ

名 将来，未来

▶ in the future　将来は

226

bicycle

[báisikl] バイスィクル

名 自転車

▶ go to the park by bicycle　自転車で公園へ行く

227

gift

[gift] ギフト

名 贈り物

▶ choose a gift　贈り物を選ぶ

gift は present よりもかしこまった場面で渡すものだよ。

228

wedding

[wédiŋ] ウェディンッ

名 結婚式

▶ hold a wedding　結婚式を開く

229

parade

[pəréid] パレイド

名 パレード

▶ see a parade　パレードを見る

230

contest

[kántest] カンテスト

名 コンテスト

▶ the speech contest　スピーチコンテスト

231

group

[gruːp] グループ

名 集団，グループ

▶ a group of tourists　旅行者の集団

232

dear

[diər] ディア

名 親愛なる～さま

▶ Dear Jane,　親愛なるジェーンさま，

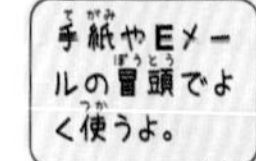

手紙やEメールの冒頭でよく使うよ。

0
300
600
920

233

kitchen
[kítʃən] キチン

名 台所（だいどころ）

▶ cook in the kitchen　台所で料理する

234

line
[lain] ライン

名 列（れつ），線（せん）

▶ a long line　長い列

235

grade
[greid] グレイド

名 成績（せいせき），学年（がくねん）

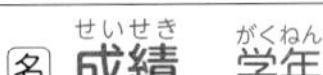
▶ get an excellent grade
すばらしい成績をとる

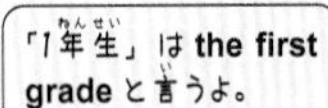

「1年生」は the first grade と言うよ。

236

classmate
[klǽsmeit] クラスメイト

名 同級生（どうきゅうせい），クラスメート

▶ my classmate at the elementary school
小学校の同級生

237

road
[roud] ロウド

名 道（みち），道路（どうろ）

▶ the road to success　成功への道

238

airport
[éərpɔ:rt] エアポート

名 空港（くうこう）

▶ the international airport　国際空港

239

season
[si:zn] スィーズン

名 季節（きせつ）

▶ the season of cherry blossoms　桜の花の季節

240

schedule
[skédʒu:l] スケヂュール

名 予定（よてい）

▶ set my schedule　予定を立てる

『5分間テストブック』を解いてみよう！　➡ 別冊 p.18

241

cookie
[kúki] クキィ

名 クッキー

▶ have a cookie with tea
紅茶と一緒にクッキーを食べる

242

salad
[sǽləd] サラド

名 サラダ

▶ order a salad　サラダを注文する

243

aunt
[ænt] アント

名 おば

▶ the curry my aunt made　おばが作ったカレー

244

owner
[óunə*r*] オウナァ

名 所有者

▶ the owner of the car
車の所有者

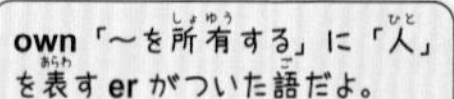

own「～を所有する」に「人」を表すerがついた語だよ。

245

staff
[stæf] スタフ

名 スタッフ，職員

▶ ask the staff　スタッフにたずねる

246

life
[laif] ライフ

名 生活，命

▶ a difficult life　困難な生活

247

customer
[kʌ́stəmə*r*] カスタマァ

名 (店の)客

▶ greet a customer　客にあいさつする

248

queen
[kwiːn] クウィーン

名 女王，王妃

▶ the queen of the U.K.　イギリスの女王

249
president
[prézidənt] プレズィデント

名 大統領，会長

▶ the president of the U.S.A.
アメリカ合衆国の大統領

250
fish
[fiʃ] フィッシ

名 魚
動 魚つりをする

▶ a lot of fish　たくさんの魚

251 発音
sweater
[swétər] スウェタァ

名 セーター

▶ a green sweater　緑色のセーター

252
bathroom
[bǽθru:m] バスルーム

名 浴室，トイレ

▶ wash my hair in the bathroom
浴室で髪の毛を洗う

253
photo
[fóutou] フォウトウ

名 写真

▶ take a photo　写真を撮る

254
toy
[tɔi] トイ

名 おもちゃ

▶ play with a toy　おもちゃで遊ぶ

255
e-mail
[í:meil] イーメイル

名 Eメール

▶ get an e-mail　Eメールをもらう

256 発音
stomachache
[stʌ́məkeik] スタマクエイク

名 腹痛，胃痛

▶ have a stomachache
腹痛がする

stomach「胃」とache「痛み」とを合わせた語だよ。

『5分間テストブック』を解いてみよう！　➡ 別冊 p.19

257〜272

257 発音
Europe
[júərəp] ユ(ア)ロプ

名 ヨーロッパ
▶ study abroad in Europe ヨーロッパに留学する

258
space
[speis] スペイス

名 宇宙，空間
▶ space travel 宇宙旅行

259
half
[hæf] ハフ

名 半分
形 半分の
▶ cut a cake in half ケーキを半分に切る

260
symbol
[símbl] スィンボル

名 象徴
▶ the symbol of peace 平和の象徴

261
rule
[ru:l] ルール

名 ルール，規則
▶ a traffic rule 交通ルール

262
accident
[æksidənt] アクスィデント

名 事故
▶ have an accident 事故にあう

263 発音
language
[lǽŋgwidʒ] ラングウィヂ

名 言語
▶ the language in the country その国の言語

264
bakery
[béikəri] ベイカリィ

名 パン屋
▶ buy bread at the bakery
パン屋でパンを買う

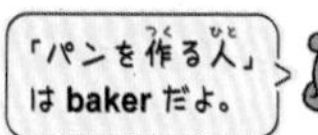

265
church
[tʃəːrtʃ] チャーチ

名 教会
▶ get married in the church　教会で結婚式をあげる

266
court
[kɔːrt] コート

名 （テニスなどの）コート
▶ play a tennis match on the court
コートでテニスの試合をする

267
platform
[plǽtfɔːrm] プラトゥフォーム

名 （駅の）プラットホーム
▶ wait for a train on the platform
プラットホームで電車を待つ

268
copy
[kápi] カピィ

名 コピー，複写
動 ～のコピーをとる
▶ a copy of the picture　写真のコピー

269
score
[skɔːr] スコー（ァ）

名 点数
動 （点）をとる
▶ get a bad score　悪い点数をとる

270
interview
[íntərvjuː] インタヴュー

名 面接，インタビュー
動 ～にインタビューする
▶ have an interview　面接を受ける

271
stew
[stjuː] ステュー

名 シチュー
▶ beef stew　ビーフシチュー

272
video

[vídiou] ヴィディオウ

名 ビデオ，映像
▶ watch a video
ビデオを見る

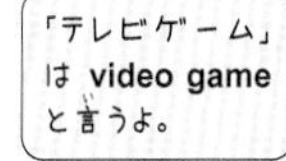
「テレビゲーム」は video game と言うよ。

『5分間テストブック』を解いてみよう！ ➡ 別冊 p.20

273〜288

■273
plane
[plein] プレイン

名 飛行機
▶ a plane for Sydney　シドニー行きの飛行機

■274
picnic
[píknik] ピクニク

名 ピクニック
▶ go on a picnic　ピクニックに行く

■275
musical
[mjú:zikl] ミューズィカル

名 ミュージカル
形 音楽の
▶ perform a musical　ミュージカルを上演する

■276
captain
[kǽptin] キャプテン

名 主将，船長
▶ the captain of the baseball team
野球チームの主将

■277 アクセント
volunteer
[vɑləntíər] ヴァランティア

名 ボランティア
▶ do volunteer work　ボランティアの仕事をする

■278
police
[pəlí:s] ポリース

名 警察
▶ call the police
警察に電話する

「警察官」は police officer だよ。

■279
tiger
[táigər] タイガァ

名 トラ
▶ a tiger in the zoo　動物園のトラ

■280
lake
[leik] レイク

名 湖
▶ go fishing in the lake　湖につりに行く

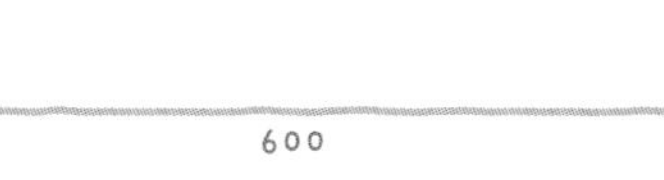

281

nature
[néitʃər] ネイチァ

名 自然

▶ keep nature beautiful　自然を美しく保つ

282

poster
[póustər] ポウスタァ

名 ポスター

▶ a poster on the wall　壁のポスター

283

bottle
[bάtl] バトゥル

名 びん

▶ recycle the bottle
びんをリサイクルする

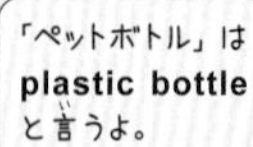

284

machine
[məʃíːn] マシーン

名 機械

▶ a broken machine　壊れた機械

285

mirror
[mírər] ミラァ

名 鏡

▶ look at my face in the mirror　鏡で自分の顔を見る

286

China
[tʃáinə] チャイナ

名 中国

▶ clothes made in China　中国製の衣服

287

Chinese
[tʃainíːz] チャイニーズ

名 中国語，中国人
形 中国の，中国語[人]の

▶ speak Chinese　中国語を話す

288　アクセント

Italy
[ítəli] イタリィ

名 イタリア

▶ an old town in Italy　イタリアの古い町

 『5分間テストブック』を解いてみよう！  別冊 p.21

289～304

289

some

[sʌm, səm] サム

形 いくつかの

▶ visit some places　いくつかの場所を訪れる

290

any

[éni] エニィ

形 (疑問文で)いくつかの，いくらかの

▶ Do you have any plans for next week?
あなたは来週いくつかの予定がありますか。

291

first

[fəːrst] ファースト

形 第1の，最初の

副 第1に，最初に

▶ win first prize　1位を勝ち取る

292

every

[évri] エヴリィ

形 毎～，どの～もみな

▶ every day　毎日

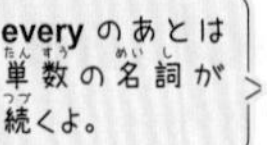

293

little

[lítl] リトゥル

形 (a little で)少しの

▶ a little money　少しのお金

294

last

[læst] ラスト

形 この前の，最後の

▶ last Sunday　この前の日曜日

295

next

[nekst] ネクスト

形 次の

副 次に

▶ get off at the next station　次の駅で降りる

296

late

[leit] レイト

形 遅れて，遅い　副 遅く

▶ He was late for the party.
彼はパーティーに遅れました。

0 300 600 920

297
great
[greit] グレイト

形 偉大な，すばらしい
▶ a great king 偉大な王

298
best
[best] ベスト

形 最もじょうずな，最もよい
副 最もじょうずに，最もよく
▶ the best player 最もじょうずな選手

good「よい」とwell「じょうずに」の最上級だよ。

299
favorite
[féivərit] フェイヴァリト

形 お気に入りの，大好きな
▶ my favorite chair 私のお気に入りのいす

300
sure
[ʃuər] シュア

形 確信して，確かな
副 もちろん
▶ I'm sure of that. 私はそれを確信しています。

301
famous
[féiməs] フェイマス

形 有名な
▶ a famous temple 有名な寺

302
popular
[pápjələr] パピュラァ

形 人気のある
▶ a popular song 人気のある歌

303
all
[ɔ:l] オール

形 すべての
代 すべての人，すべてのもの
▶ all people in this city この市のすべての人々

304
other
[ʌ́ðər] アザァ

形 ほかの
▶ other countries ほかの国々

『5分間テストブック』を解いてみよう！ ➡ 別冊 p.22

20 とてもよく出る単語 形容詞②

🎧 305 ～ 320

305

special
[speʃl] スペシャル

形 特別な

▶ a special dish　特別な料理

306

right
[rait] ライト

形 正しい，右の
名 右　副 右に，ちょうど

▶ the right answer　正しい答え

307

different
[dífərənt] ディフェレント

形 さまざまな，異なる

▶ different colors　さまざまな色

308

much
[mʌtʃ] マッチ

形 たくさんの　副 とても

▶ Don't use much paper.
たくさんの紙は使わないで。

309

more
[mɔːr] モー（ァ）

形 もっと多くの　副 もっと

▶ more homework than yesterday
昨日よりももっと多くの宿題

many[much]「多くの」の比較級だよ。

310

ready
[rédi] レディ

形 用意ができて

▶ Dinner is ready.　夕食の用意ができています。

311

excited
[iksáitid] イクサイティド

形 わくわくして

▶ He was very excited.
彼はとてもわくわくしていました。

312

free
[friː] フリー

形 ひまな，無料の

▶ in my free time　ひまな時間に

0　300　600　920

■313

expensive

[ikspénsiv] イクスペンスィヴ

形 高価な

▶ an expensive watch　高価な腕時計

■314

delicious

[dilíʃəs] ディリシャス

形 とてもおいしい

▶ a delicious hamburger　とてもおいしいハンバーガー

■315　発音

busy

[bízi] ビズィ

形 忙しい，にぎやかな

▶ look busy　忙しそうに見える

■316　アクセント

interesting

[íntərəstiŋ] インタレスティング

形 興味深い，おもしろい

▶ an interesting book　興味深い本

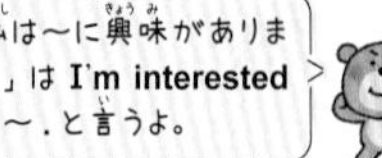

「私は～に興味があります」は I'm interested in ～. と言うよ。

■317

hungry

[hʌ́ŋgri] ハングリィ

形 空腹の

▶ They are very hungry.　彼らはとても空腹です。

■318

difficult

[dífikəlt] ディフィカルト

形 難しい

▶ a difficult question　難しい質問

■319

beautiful

[bjú:təfl] ビューティフル

形 美しい

▶ a beautiful castle　美しい城

■320

sad

[sæd] サッド

形 悲しい

▶ a sad story　悲しい物語

『5分間テストブック』を解いてみよう！　➔ 別冊 p.23

sick
[sik] スィック

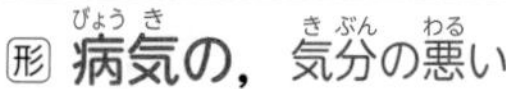

▶ sick people　病気の人々

322

professional
[prəféʃnəl] プロフェショナル

形 プロの，専門職の

▶ a professional player
プロの選手

日本語の「プロの」は professional から来ているよ。

323

central
[séntrəl] セントゥラル

形 中心の，中央の

▶ the central part of the tower　塔の中心の部分

324

main
[mein] メイン

形 主な，主要な

▶ the main reason　主な理由

325

own
[oun] オウン

形 自分自身の

動 ～を所有する

▶ my own computer　自分自身のコンピューター

326

another
[ənʌ́ðər] アナザァ

形 別の，もう１つ[１人]の

▶ another person　別の人

327

dark
[dɑːrk] ダーク

形 暗い

▶ a dark street　暗い通り

328

same
[seim] セイム

形 同じ

▶ the same class　同じクラス

329

enough
[inʌ́f] イナフ

形 十分な
副 十分に

▶ enough food　十分な食べ物

330

happy
[hǽpi] ハピィ

形 幸せな，うれしい

▶ a happy time　幸せな時間

331

tired
[táiərd] タイアド

形 疲れた

▶ look tired　疲れているように見える

332

cute
[kjuːt] キュート

形 かわいい

▶ a cute puppy　かわいい子イヌ

333

glad
[glæd] グラッド

形 うれしい

▶ I'm very glad.　私はとてもうれしいです。

334

angry
[ǽŋgri] アングリィ

形 怒って

▶ She is angry with him.　彼女は彼に怒っています。

335

wrong
[rɔːŋ] ローング

形 間違った，ぐあいが悪い

▶ the wrong way　間違った道

336

such
[sʌtʃ] サッチ

形 そのような，このような

▶ have such a pen
そのようなペンを持っている

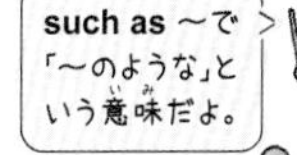

such as ～で
「～のような」と
いう意味だよ。

『5分間テストブック』を解いてみよう！　➡ 別冊 p.24

 337～352

337
fine
[fain] ファイン

形 晴れた，元気な
▶ fine weather　晴れた天気

338
cloudy
[kláudi] クラウディ

形 くもった
▶ a cloudy sky　くもった空

339
sunny
[sʌ́ni] サニィ

形 晴れた
▶ a sunny day　晴れた日

340
important
[impɔ́ːrtnt] インポートゥント

形 重要な
▶ an important point　重要な点

341
strong
[strɔːŋ] ストゥローンヶ

形 じょうぶな，強い
▶ a strong house　じょうぶな家

342
Spanish
[spǽniʃ] スパニシ

形 スペインの，スペイン語[人]の
名 スペイン語[人]
▶ a Spanish dance　スペインの踊り

343
Italian
[itǽljən] イタリャン

形 イタリアの，イタリア語[人]の
名 イタリア語[人]
▶ Italian culture　イタリアの文化

344
afraid
[əfréid] アフレイド

形 怖がって，恐れて
▶ He is afraid of dogs.
彼はイヌを怖がっています。

be afraid of ～ で「～を怖がる」という意味だよ。

345

heavy
[hévi] ヘヴィ

形 重い，激しい
▶ a heavy box 重い箱

346

easy
[í:zi] イーズィ

形 簡単な，～(し)やすい
▶ an easy question 簡単な質問

347

cheap
[tʃi:p] チープ

形 安い，安っぽい
▶ a cheap umbrella 安いかさ

348

nervous
[nə́:rvəs] ナーヴァス

形 緊張して
▶ look nervous 緊張しているように見える

349

dirty
[də́:rti] ダーティ

形 汚れた，汚い
▶ dirty shoes 汚れたくつ

350

silent
[sáilənt] サイレント

形 静かな，無言の
▶ a silent night 静かな夜

351

national
[nǽʃnəl] ナショナル

形 国民の，国立の
▶ a national holiday 国民の祝日

352

few
[fju:] フュー

形 (a few で)少しの
▶ a few opinions 少しの意見

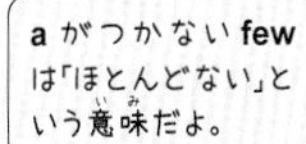

a がつかない few は「ほとんどない」という意味だよ。

 『5分間テストブック』を解いてみよう！ ➡ 別冊 p.25

23 とてもよく出る単語
副詞①

353～368

■353
so
[sou] ソウ

副 **そんなに，** そのように　接 それで
▶ Why are you so tired?
あなたはどうしてそんなに疲れているのですか。

■354
too
[tu:] トゥー

副 **～すぎる，** ～もまた
▶ too far away　遠すぎる

■355
really
[ríːəli] リーアリィ

副 **本当に**
▶ really nice weather　本当によい天気

■356
very
[véri] ヴェリィ

副 **非常に，** とても
▶ a very small insect　非常に小さい虫

■357
now
[nau] ナウ

副 **今**
▶ right now　今すぐ

■358
soon
[su:n] スーン

副 **まもなく，** すぐに
▶ leave soon　まもなく出発する

■359
still
[stil] スティル

副 **まだ，** 今でも
▶ It's still cold.　まだ寒いです。

■360
already
[ɔ:lrédi] オールレディ

副 **すでに，** もう
▶ have already finished my homework
すでに宿題を終えた

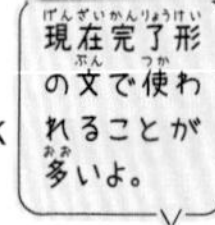

現在完了形の文で使われることが多いよ。

361
tonight
[tənáit] トゥナイト

副 今夜は　名 今夜

▶ I'll go to bed early tonight.
私は今夜は早く寝るつもりです。

362
ago
[əgóu] アゴウ

副（今から）～前に

▶ two days ago　2日前に

363
just
[dʒʌst, dʒəst] ヂャスト

副 たった今，ただ

▶ just arrived at the station　たった今，駅に着いた

364
again
[əgén] アゲン

副 また，再び

▶ meet her again　また彼女と会う

365
only
[óunli] オウンリィ

副 ただ～だけ
形 たった1つの

▶ only five dollars　ただ5ドルだけ

366
up
[ʌp] アップ

副 上げる，上へ

▶ push up　押し上げる

pick up ～「～を拾い上げる」など，さまざまな熟語を作るよ。

367
often
[ɔ:fn] オーフン

副 よく，しばしば

▶ I often visit the museum.
私はよく博物館を訪れます。

368
usually
[jú:ʒuəli] ユージュアリィ

副 たいてい，いつもは

▶ I usually get up at six in the morning.
私はたいてい朝6時に起きます。

『5分間テストブック』を解いてみよう！　➡ 別冊 p.26

24 とてもよく出る単語
副詞②・前置詞

□369

well

[wel] ウェル

副 **じょうずに，** よく

形 元気な　間 ええと，さて

▶ play soccer well　じょうずにサッカーをする

□370

here

[hiə*r*] ヒア

副 **ここに[で，へ]**

▶ sit down here　ここに座る

□371

also

[ɔ́:lsou] オールソウ

副 **～も(また)**

▶ Jim also studies Japanese.
ジムは日本語も勉強します。

□372

far

[fɑ:*r*] ファー

副 **遠くに[へ]**

▶ go far from home　家から遠くに行く

□373

hard

[hɑ:*r*d] ハード

副 **熱心に，** 激しく

▶ study English hard　熱心に英語を勉強する

□374

once

[wʌns] ワンス

副 **1度，** かつて

▶ once a week
1週間に1度

How often ～ ?
など頻度をたずね
られて，答えるとき
によく使われるよ。

□375

each

[i:tʃ] イーチ

副 **1個[1人]につき**

形 それぞれの　代 それぞれ

▶ buy oranges for 1 dollar each　1個につき1ドルでオレンジを買う

□376

twice

[twais] トゥワイス

副 **2度**

▶ twice a month　月に2度

0　300　600　920

377
inside
[insáid] インサイド

副 屋内に[へ]，内部に[へ]
前 ～の中に[へ]　名 内部，内側
▶ stay inside on a cold day　寒い日に屋内にいる

378
fast
[fæst] ファスト

副 速く
形 速い
▶ run fast　速く走る

379
part-time
[pɑ́:rttáim] パートゥタイム

副 パートタイムで，非常勤で
形 パートタイムの，非常勤の
▶ work part-time　パートタイムで働く

380
by
[bai] バイ

前 ～で，～までに
▶ go to school by bus
バスで学校へ行く

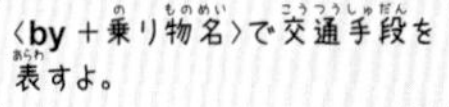

381
since
[sins] スィンス

前 ～以来，～から
接 ～して以来
▶ since last Sunday　先週の日曜日以来

until
[əntíl] アンティル

前 ～まで
接 ～するときまで
▶ until 10 o'clock　10時まで

during
[djúəriŋ] デュ(ア)リング

前 ～の間ずっと
▶ during the vacation　休暇の間ずっと

over
[óuvər] オウヴァ

前 ～を越えて，～の上に
副 終わって
▶ over the mountain　山を越えて

▷『5分間テストブック』を解いてみよう！　➡ 別冊 p.27

接続詞・代名詞

■385

but

[bʌt, bət] バット

接 ～だが，しかし

▶ It was cold yesterday, but I went out.
昨日は寒かったですが，私は外出しました。

■386

when

[*h*wen]（フ）ウェン

接 ～するときに

▶ Visit us when you come to Japan.
日本に来るときに私たちを訪ねて。

■387

because

[bikɔ́:z] ビコーズ

接 （なぜなら）～なので，～だから

▶ I can't buy the computer because I have no money.
私はお金がないので，そのコンピューターを買うことができません。

■388

if

[if] イフ

接 もし～ならば

▶ Let's go shopping if you have time.
もしひまならば買い物に行こう。

■389

or

[ɔ:*r*, ə*r*] オー（ァ）

接 ～または…

▶ one or two days　1日または2日

■390

than

[ðæn, ðən] ザン

接 ～よりも

▶ younger than my father　私の父よりも若い

■391

one

[wʌn] ワン

代 1つ，もの

▶ one of the new products
新製品の1つ

oneは前に出てきた名詞の代わりとして使うことができるよ。

■392

something

[sʌ́mθiŋ] サムスィング

代 何か～なもの，あるもの

▶ something cold　何か冷たいもの

0 300 600 920

393

most

[moust] モウスト

代 大部分

形 大部分の，最も多くの　副 最も

▶ most of the students　生徒たちの大部分

394

anything

[éniθiŋ] エニスィング

代 (疑問文で)何か，(否定文で)何も(〜ない)

▶ Do you want anything?
あなたは何かほしいですか。

395

everything

[évriθiŋ] エヴリスィング

代 あらゆること[もの]

▶ know everything about her
彼女についてあらゆることを知っている

everything は単数の語として扱うよ。

396

everyone

[évriwʌn] エヴリワン

代 みんな

▶ share with everyone　みんなと共有する

397

myself

[maisélf] マイセルフ

代 私自身(を[に])

▶ talk about myself　私自身の話をする

398

herself

[hərsélf] ハセルフ

代 彼女自身(を[に])

▶ write about herself　彼女自身について書く

399

anyone

[éniwʌn] エニワン

代 (疑問文で)だれか，(否定文で)だれも(〜ない)

▶ Does anyone have a pen?
だれかペンを持っていますか。

400

someone

[sʌ́mwʌn] サムワン

代 だれか，ある人

▶ need someone to help us
私たちを手伝ってくれるだれかを必要とする

『5分間テストブック』を解いてみよう！　➡ 別冊 p.28

英検TIPS!

当日の流れ

いよいよ英検当日！　ケンとアカネは無事に受験に臨めるかな？

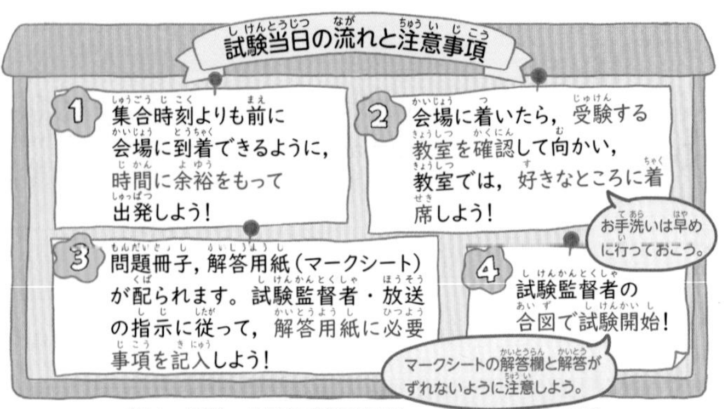

試験当日の流れと注意事項
1 集合時刻よりも前に会場に到着できるように，時間に余裕をもって出発しよう！
2 会場に着いたら，受験する教室を確認して向かい，教室では，好きなところに着席しよう！
お手洗いは早めに行っておこう。
3 問題冊子，解答用紙（マークシート）が配られます。試験監督者・放送の指示に従って，解答用紙に必要事項を記入しよう！
4 試験監督者の合図で試験開始！
マークシートの解答欄と解答がずれないように注意しよう。

最新の情報は日本英語検定協会のホームページで確認しましょう。

よく出る単語240

この章では英検で
複数回出てきた単語を学習するよ！
しっかりおぼえて，他の人と差をつけよう！

■401

spend

[spend] スペンド

動 (時間)を過ごす，(お金)を使う

変化形 **spend - spent - spent**

▶ spend the vacation in Australia
オーストラリアで休暇を過ごす

■402

keep

[ki:p] キープ

動 ～をとっておく，～を保つ

変化形 **keep - kept - kept**

▶ keep some old pictures 古い写真をとっておく

■403

choose

[tʃu:z] チューズ

動 ～を選ぶ

変化形 **choose - chose - chosen**

▶ choose one of the three
3つのうちから1つを選ぶ

■404 発音

guess

[ges] ゲス

動 ～を推測する，～だと思う

▶ guess her age 彼女の年齢を推測する

■405

carry

[kǽri] キャリィ

動 ～を運ぶ，～を持ち歩く

▶ carry a box 箱を運ぶ

■406

change

[tʃeindʒ] チェインヂ

動 ～を変える，変わる 名 おつり

▶ change my mind
考えを変える

おつりを渡すときに Here's your change. と言うよ。

■407

receive

[risí:v] リスィーヴ

動 ～を受け取る

▶ receive a letter 手紙を受け取る

■408

steal

[sti:l] スティール

動 ～を盗む

変化形 **steal - stole - stolen**

▶ steal a car 車を盗む

■409
cut
[kʌt] カット

動 ～を切る
変化形 **cut - cut - cut**
▶ cut an apple　リンゴを切る

■410
contact
[kάntækt] カンタクト

動 ～に連絡をとる
▶ contact my teacher　先生に連絡をとる

■411
collect
[kəlékt] コレクト

動 ～を集める
▶ collect stamps　切手を集める

■412
understand
[ʌndərstǽnd] アンダスタンド

動 ～を理解する
変化形 **understand - understood - understood**
▶ understand the meaning　意味を理解する

■413　発音
climb
[klaim] クライム

動 ～に登る
▶ climb Mt. Fuji
富士山に登る

climb の b は発音しないことに注意！

■414
die
[dai] ダイ

動 死ぬ
▶ die of cancer　がんで死ぬ

■415
plant
[plænt] プラント

動 ～を植える
名 植物
▶ plant a cherry tree　サクラの木を植える

■416
celebrate
[séləbreit] セレブレイト

動 ～を祝う
▶ celebrate my mother's birthday
母の誕生日を祝う

『5分間テストブック』を解いてみよう！　➡ 別冊 p.29

417 ~ 432

■417
bake
[beik] ベイク

動 (パンなど)を焼く
▶ bake some cookies クッキーを焼く

■418
believe
[bilíːv] ビリーヴ

動 ~を信じる
▶ believe his story 彼の話を信じる

■419
cover
[kʌ́vər] カヴァ

動 ~をおおう
▶ cover my face with my hands 手で顔をおおう

■420
enter
[éntər] エンタァ

動 ~に入る
▶ enter the room
部屋に入る

「入学する」という意味も表すよ。

■421
feel
[fiːl] フィール

動 感じる
変化形 **feel - felt - felt**
▶ feel hungry 空腹を感じる

■422
camp
[kæmp] キャンプ

動 キャンプする
名 キャンプ
▶ camp in a forest 森の中でキャンプする

■423
hike
[haik] ハイク

動 ハイキングをする
名 ハイキング
▶ hike on a mountain 山でハイキングをする

■424
relax
[rilǽks] リラックス

動 くつろぐ
▶ relax at home 家でくつろぐ

■425

hurry
[hə́:ri] ハーリィ

動 急ぐ

▶ hurry up to catch a bus　バスに乗るために急ぐ

■426

perform
[pərfɔ́:rm] パフォーム

動 ～を演奏する，～を上演する

▶ perform classical music
クラシック音楽を演奏する

■427 発音

design
[dizáin] ディザイン

動 ～を設計する，～をデザインする

名 デザイン

▶ design a building　建物を設計する

■428

hurt
[hə:rt] ハート

動 ～を傷つける，痛む

変化形 **hurt - hurt - hurt**

▶ hurt his feelings　彼の気持ちを傷つける

■429

hit
[hit] ヒット

動 ～をぶつける，～を打つ

変化形 **hit - hit - hit**

▶ hit my arm on the wall　壁に腕をぶつける

■430

injure
[índʒər] インヂァ

動 ～を傷つける，～にけがをさせる

▶ injured my foot　足を傷つけた

■431

mean
[mi:n] ミーン

動 ～を意味する

変化形 **mean - meant - meant**

meaning で「意味」という名詞になるよ。

▶ What does this word mean?
この語は何を意味するのですか。

■432

taste
[teist] テイスト

動 ～の味がする

名 味

▶ taste bitter　苦い味がする

『5分間テストブック』を解いてみよう！ ➡ 別冊 p.30

28 よく出る単語 動詞③

■433

fix
[fiks] フィックス

動 ～を修理する

▶ fix a bike　自転車を修理する

■434

answer
[ǽnsər] アンサァ

動 (電話)に出る，～に答える

名 答え，返事

▶ answer the phone　電話に出る

■435

marry
[mǽri] マリィ

動 ～と結婚する

▶ marry a prince　王子と結婚する

■436

notice
[nóutis] ノウティス

動 ～に気がつく

名 掲示，通知

▶ notice the mistake　間違いに気がつく

■437

introduce
[intrədjú:s] イントゥロデュース

動 ～を紹介する

▶ introduce my friend　友達を紹介する

■438

pull
[pul] プル

動 ～を引く

▶ pull the rope　ロープを引く

「～を押す」は push だよ。

■440

follow
[fálou] ファロウ

動 ～について行く，～に従う

▶ follow our teacher　先生について行く

■440

cry
[krai] クライ

動 叫ぶ，泣く

▶ cry for help　助けを求めて叫ぶ

0 300 600 920

441
serve
[səːrv] サーヴ

動 (食べ物)を出す
▶ serve dessert after the meal
食後にデザートを出す

442
cross
[krɔːs] クロース

動 ～を横断する，～を渡る
▶ cross the street　道路を横断する

443
exchange
[ikstʃéindʒ] イクスチェインヂ

動 ～を交換する
名 交換
▶ exchange opinions　意見を交換する

444
explain
[iksplé in] イクスプレイン

動 ～を説明する
▶ explain the rule　ルールを説明する

445
smell
[smel] スメル

動 ～のにおいがする，～のにおいをかぐ
名 におい
▶ smell good　よいにおいがする

446
jog
[dʒɑg] ヂャッグ

動 ジョギングをする
▶ jog along the river
川沿いでジョギングをする

名詞は jogging「ジョギング」だよ。

447
throw
[θrou] スロウ

動 ～を投げる
変化形 **throw - threw - thrown**
▶ throw a ball　ボールを投げる

448
kill
[kil] キル

動 ～を殺す
▶ can't kill insects　虫を殺すことができない

『5分間テストブック』を解いてみよう！ ➜ 別冊 p.31

動詞④・名詞①

■449

burn

[bəːrn] バーン

動 〜を燃やす，燃える

変化形 **burn - burned [burnt] - burned [burnt]**

▶ burn wood　まきを燃やす

■450

invent

[invént] インヴェント

動 〜を発明する

▶ invent the telephone　電話を発明する

■451

imagine

[imǽdʒin] イマヂン

動 〜を想像する

▶ imagine the future　未来を想像する

■452　発音

sign

[sain] サイン

名 看板，掲示

動 〜に署名する

▶ set up a sign　看板を出す

■453

size

[saiz] サイズ

名 大きさ，サイズ

▶ the size of the box　箱の大きさ

■454

type

[taip] タイプ

名 型，タイプ

▶ his blood type　彼の血液型

■455

wallet

[wálit] ワレト

名 財布

▶ take out some money from my wallet
財布からお金を取り出す

お札を入れる財布のことを **wallet** と言うよ。

■456

reason

[ríːzn] リーズン

名 理由

▶ the reason for being late　遅刻の理由

0 300 600 920

■457

power

[páuər] パウア

名 力

▶ electric power 電力

■458

horror

[hɔ́:rər] ホーラァ

名 ホラー，恐怖

▶ a horror movie ホラー映画

■459

hospital

[háspitl] ハスピトゥル

名 病院

▶ the city hospital 市立病院

■460

health

[helθ] ヘルス

名 健康

▶ good for the health 健康によい

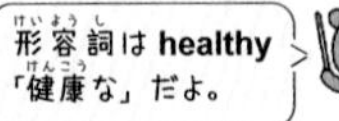

■461

mall

[mɔ:l] モール

名 ショッピングモール

▶ do some shopping at the mall ショッピングモールで買い物をする

■462

noon

[nu:n] ヌーン

名 正午

▶ around noon 正午ごろ

■463

crowd

[kraud] クラウド

名 群衆，人ごみ

▶ a crowd of students 学生たちの群衆

■464

century

[séntʃəri] センチュリィ

名 世紀

▶ the twenty-first century 21世紀

『5分間テストブック』を解いてみよう！ ➡ 別冊 p.32

465 〜 480

465
recipe
[résəpi] レスィピ

名 レシピ，調理法
▶ a recipe for spaghetti　スパゲッティーのレシピ

466 発音
doughnut
[dóunʌt] ドウナト

名 ドーナツ
▶ fry a doughnut　ドーナツを揚げる

467
dessert
[dizə́ːrt] ディザート

名 デザート
▶ eat some fruits for dessert
デザートに果物を食べる

468
flight
[flait] フライト

名 飛行機の便，飛行
▶ take a 2 p.m. flight
午後２時の飛行機の便に乗る

動詞は fly「飛ぶ」だよ。

469
rock
[rɑk] ラック

名 岩，ロック(音楽)
▶ a huge rock　巨大な岩

470
comedy
[kɑ́mədi] カメディ

名 喜劇，コメディー
▶ see a comedy in the theater　劇場で喜劇を見る

471
culture
[kʌ́ltʃər] カルチァ

名 文化
▶ Japanese culture　日本の文化

472
kid
[kid] キッド

名 子ども
▶ a cheerful kid　元気な子ども

0　300　600　920

■473
baby
[béibi] ベイビィ

名 赤ちゃん
▶ have a baby　赤ちゃんが生まれる

■474
adult
[ədʌ́lt] アダルト

名 大人
▶ become an adult　大人になる

■475
astronaut
[ǽstrənɔ:t] アストゥロノート

名 宇宙飛行士
▶ train to be an astronaut
宇宙飛行士になるために訓練を受ける

■476
dentist
[déntist] デンティスト

名 歯医者，歯科医
▶ go to the dentist　歯医者に行く

■477
scientist
[sáiəntist] サイエンティスト

名 科学者
▶ a man known as a scientist
科学者として知られる男性

■478
musician
[mju:zíʃn] ミューズィシャン

名 音楽家，ミュージシャン
▶ a jazz musician
ジャズ音楽家

music「音楽」に「人」を表す ian がついた語だよ。

■479
environment
[inváiərənmənt] インヴァイロンメント

名 環境
▶ protect the environment　環境を保護する

■480
forest
[fɔ́:rist] フォーレスト

名 森，森林
▶ animals in the forest　森の中の動物

『5分間テストブック』を解いてみよう！ ➡ 別冊 p.33

481
hometown
[houmtáun] ホウムタウン

名 故郷
▶ go back to my hometown 故郷に戻る

482
uniform
[jú:nəfɔ:rm] ユーニフォーム

名 制服，ユニフォーム
▶ a school uniform 学校の制服

483 アクセント
elevator
[éləveitər] エレヴェイタァ

名 エレベーター
▶ get on an elevator エレベーターに乗る

484
fridge
[fridʒ] フリッヂ

名 冷蔵庫
▶ put some milk in the fridge 冷蔵庫に牛乳を入れる

refrigerator「冷蔵庫」の略だよ。

485
glass
[glæs] グラス

名 コップ，ガラス
▶ pour juice into a glass コップにジュースを注ぐ

486
message
[mésidʒ] メセヂ

名 伝言，メッセージ
▶ leave a message 伝言を残す

487
fever
[fí:vər] フィーヴァ

名 熱
▶ have a fever 熱がある

488
dream
[dri:m] ドゥリーム

名 夢
動 夢を見る
▶ my future dream 私の将来の夢

0 300 600 920

489

Hawaii

[həwáːiː] ハワーイー

名 ハワイ

▶ the beautiful ocean in Hawaii　ハワイの美しい海

490

Mexico

[méksikou] メクスィコウ

名 メキシコ

▶ eat tacos in Mexico　メキシコでタコスを食べる

491　発音

meter

[míːtər] ミータァ

名 メートル

▶ one meter　1メートル

492

top

[tɑp] タップ

名 上部，頂上

形 いちばん上の

▶ the top of the building　建物の上部

493

kilogram

[kíləgræm] キログラム

名 キログラム

▶ one kilogram of salt　1キログラムの塩

494

sightseeing

[sáitsiːiŋ] サイトゥスィーイング

名 観光

▶ go sightseeing　観光に行く

495

fact

[fækt] ファクト

名 事実

▶ tell them the fact
彼らに事実を話す

in fact で「実は」という意味だよ。

496

experience

[ikspíəriəns] イクスピ(ア)リエンス

名 経験

動 ～を経験する

▶ hear about his experience　彼の経験について聞く

『5分間テストブック』を解いてみよう！　➡ 別冊 p.34

32 よく出る単語 名詞④

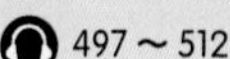

497
model
[mádl] マドゥル

名 模型，型
形 模型の
▶ a model of an airplane 飛行機の模型

498
exam
[igzǽm] イグザム

名 試験，テスト
▶ take an exam
試験を受ける

examination「試験」の略だよ。

499
project
[prádʒekt] プラヂェクト

名 計画，研究課題
▶ start a new project 新しい計画を始める

500
meat
[mi:t] ミート

名 肉
▶ cut the meat 肉を切る

501 発音
steak
[steik] ステイク

名 ステーキ
▶ eat steak with a knife and fork
ナイフとフォークでステーキを食べる

502
butter
[bʌ́tə*r*] バタァ

名 バター
▶ bread and butter バター付きのパン

503
sugar
[ʃúgə*r*] シュガァ

名 砂糖
▶ put sugar in the tea 紅茶に砂糖を入れる

504
radish
[rǽdiʃ] ラディシ

名 ハツカダイコン
▶ radish salad ハツカダイコンのサラダ

505
chip
[tʃip] チップ

名 (果物などの)うすり切り
▶ banana chips　バナナのうす切り

506
field
[fi:ld] フィールド

名 野原，競技場
▶ play in a field　野原で遊ぶ

507
snowboard
[snóubɔ:rd] スノウボード

名 スノーボード(の板)
動 スノーボードをする
▶ choose a snowboard　スノーボードを選ぶ

508
firework
[fáiərwə:rk] ファイアワーク

名 花火
▶ a fireworks festival　花火大会

509
winner
[wínər] ウィナァ

名 優勝者，勝利者
▶ a winner in the contest
コンテストの優勝者

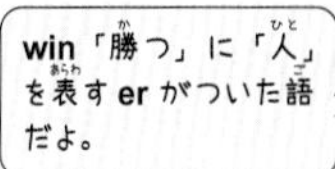

win「勝つ」に「人」を表すerがついた語だよ。

510
stage
[steidʒ] ステイヂ

名 舞台，ステージ
▶ play on a stage　舞台で演じる

511
hill
[hil] ヒル

名 丘，小山
▶ a house on the hill　丘の上の家

512
person
[pə:rsn] パースン

名 人
▶ a kind person　親切な人

『5分間テストブック』を解いてみよう！　➡ 別冊 p.35

513〜528

■513
boss
[bɔːs] ボース

名 上司(じょうし)
▶ work with my boss　上司と仕事をする

■514
farmer
[fάːrmər] ファーマァ

名 農場経営者(のうじょうけいえいしゃ)
▶ a farmer who has a large field
広い畑を持つ農場経営者

■515
worker
[wə́ːrkər] ワーカァ

名 働く人(はたらくひと)，労働者(ろうどうしゃ)
▶ a hard worker　熱心に働く人

■516
artist
[άːrtist] アーティスト

名 芸術家(げいじゅつか)
▶ become an artist
芸術家になる

art「芸術」に「人」を表すistがついた語だよ。

■517
panda
[pǽndə] パンダ

名 パンダ
▶ watch a panda in the zoo　動物園でパンダを見る

■518
fashion
[fǽʃn] ファション

名 ファッション，流行(りゅうこう)
▶ a fashion designer　ファッションデザイナー

■519
passage
[pǽsidʒ] パセヂ

名 (本(ほん)などからの)一節(いっせつ)
▶ read a passage from the book　本の一節を読む

■520
gate
[geit] ゲイト

名 門(もん)
▶ go through the gate　門を通り抜ける

0 300 600 920

■521

hobby

[hάbi] ハビィ

名 趣味(しゅみ)

▶ my father's hobby 私(わたし)の父(ちち)の趣味(しゅみ)

■522

license

[láisns] ライスンス

名 免許証(めんきょしょう), 免許(めんきょ)

▶ a driver's license 運転免許証(うんてんめんきょしょう)

■523

package

[pǽkidʒ] パケヂ

名 小包(こづつみ)

▶ send a package 小包(こづつみ)を送(おく)る

■524

statue

[stǽtʃu:] スタチュー

名 像(ぞう)

▶ a statue of a man 男性(だんせい)の像(ぞう)

■525

locker

[lάkər] ラカァ

名 ロッカー

▶ put a bag in the locker ロッカーにかばんを入(い)れる

■526

memory

[mémәri] メモリィ

名 思(おも)い出(で), 記憶(きおく)

▶ the best memory いちばんの思(おも)い出(で)

■527

tooth

[tu:θ] トゥース

名 歯(は)

▶ pull out a bad tooth 虫歯(むしば)を抜(ぬ)く

■528

side

[said] サイド

名 側(がわ), 側面(そくめん)

▶ the right side of the street 通(とお)りの右側(みぎがわ)

よく出る単語

名詞

『5分間テストブック』を解いてみよう！ ➡ 別冊 p.36

 529 ～ 544

■529
shape
[ʃeip] シェイプ

名 形
▶ the shape of a star　星の形

■530
middle
[mídl] ミドゥル

名 真ん中，中央
▶ the middle of the bridge　橋の真ん中

■531
capital
[kǽpətl] キャピトゥル

名 首都
▶ the capital of Japan　日本の首都

■532
tradition
[trədíʃn] トゥラディション

名 伝統
▶ the tradition of our school
私たちの学校の伝統

形容詞は **traditional**「伝統的な」だよ。

■533
performance
[pərfɔ́:rməns] パフォーマンス

名 演技，演奏
▶ the performance by the actor
その俳優による演技

■534
tourist
[túərist] トゥ(ア)リスト

名 観光客，旅行者
▶ a guide for tourists　観光客のためのガイド

■535
mushroom
[mʌ́ʃru:m] マシルーム

名 キノコ，マッシュルーム
▶ grill mushrooms　キノコを焼く

■536
pond
[pɑnd] パンド

名 池
▶ swim in the pond　池で泳ぐ

537 発音

horizon

[həráizn] ホライズン

名 地平線, 水平線

▶ the sun above the horizon 地平線の上の太陽

538

suit

[su:t] スート

名 スーツ

▶ order a suit スーツを注文する

539

swimsuit

[swímsu:t] スウィムスート

名 水着

▶ change into a swimsuit 水着に着替える

540

belt

[belt] ベルト

名 ベルト

▶ buy a belt ベルトを買う

541

glasses

[glǽsiz] グラスィズ

名 めがね

▶ wear glasses めがねをかけている

「めがね1つ」は a pair of glasses だよ。

542

camera

[kǽmərə] キャメラ

名 カメラ

▶ take a picture with the camera カメラで写真を撮る

543

basket

[bǽskit] バスケト

名 かご

▶ a shopping basket 買い物かご

544

button

[bʌ́tn] バトゥン

名 (機械などの)押しボタン, (衣服の)ボタン

▶ push the button 押しボタンを押す

『5分間テストブック』を解いてみよう! ➡ 別冊 p.37

545
program
[próugræm] プロウグラム
名 番組，計画
▶ a TV program　テレビ番組

546
medal
[médl] メドゥル
名 メダル
▶ a gold medal　金メダル

547
mind
[maind] マインド
名 心，精神
▶ open my mind　心を開く

548
body
[bɑ́di] バディ
名 体
▶ a strong body　じょうぶな体

549
suitcase
[sú:tkeis] スートゥケイス
名 スーツケース
▶ carry a suitcase　スーツケースを運ぶ

550
action
[ækʃn] アクション
名 行動，アクション
▶ take action　行動を起こす

551
shrine
[ʃrain] シライン
名 神社
▶ go to the shrine on New Year's Day
元日に神社に参拝する

「寺」は temple だよ。

552
actress
[ǽktrəs] アクトゥレス
名 女優
▶ a Hollywood actress　ハリウッド女優

553

waiter

[wéitər] ウェイタァ

名 ウエイター

▶ call a waiter　ウエイターを呼ぶ

554

comic

[kάmik] カミク

名 漫画本

▶ read a popular comic　人気のある漫画本を読む

555

hole

[houl] ホウル

名 穴

▶ dig a hole　穴を掘る

556

bright

[brait] ブライト

形 明るい

▶ bright sunshine
明るい日の光

dark「暗い」も合わせておぼえよう。

557

perfect

[pə́ːrfikt] パーフェクト

形 完ぺきな，完全な

▶ a perfect answer　完ぺきな答え

558

poor

[puər] プア

形 貧しい，へたな

▶ poor countries　貧しい国々

559

rich

[ritʃ] リッチ

形 金持ちの，裕福な

▶ a rich man　金持ちの男

560

wonderful

[wʌ́ndərfl] ワンダフル

形 すばらしい

▶ a wonderful view　すばらしい景色

『5分間テストブック』を解いてみよう！　➡ 別冊 p.38

■561

thirsty

[θə́:rsti] サースティ

形 のどが渇(かわ)いた

▶ feel very thirsty　とてものどが渇(かわ)いた

■562

boring

[bɔ́:riŋ] ボーリング

形 退屈(たいくつ)な

▶ a boring story　退屈(たいくつ)な話(はなし)

■563

crowded

[kráudid] クラウディド

形 混雑(こんざつ)した

▶ a crowded train　混雑(こんざつ)した電車(でんしゃ)

■564

funny

[fʌ́ni] ファニィ

形 おかしい，こっけいな

▶ a funny joke　おかしい冗談(じょうだん)

■565

wet

[wet] ウェット

形 ぬれた

▶ a wet towel　ぬれたタオル

■566

true

[tru:] トゥルー

形 本当(ほんとう)の，真実(しんじつ)の

▶ her true feelings　彼女(かのじょ)の本当(ほんとう)の気持(きも)ち

■567

careful

[kéərfl] ケアフル

形 注意深(ちゅういぶか)い，気(き)をつける

▶ a careful person　注意深(ちゅういぶか)い人(ひと)

副詞(ふくし)は carefully「注意深(ちゅういぶか)く」だよ。

■568

deep

[di:p] ディープ

形 深(ふか)さが～の，深(ふか)い

▶ about ten meters deep　深(ふか)さが約(やく)10 メートルの

0 300 600 920

569
lucky
[lʌ́ki] ラキィ

形 運のよい
▶ a lucky day 運のよい日

570
short
[ʃɔːrt] ショート

形 短い，背の低い
▶ a short novel 短い小説

571
wild
[waild] ワイルド

形 野生の
▶ wild deer 野生のシカ

572
surprised
[sərpráizd] サプライズド

形 驚いた，びっくりした
▶ I was surprised to see his face.
私は彼の顔を見て驚きました。

573
healthy
[hélθi] ヘルスィ

形 健康によい，健康な
▶ healthy meals 健康によい食事

574
clever
[klévər] クレヴァ

形 利口な
▶ a clever dog 利口なイヌ

575
usual
[júːʒuəl] ユージュアル

形 いつもの，ふつうの
▶ the usual time
いつもの時刻

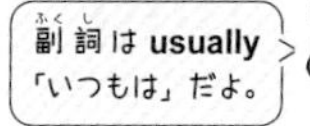

576
loud
[laud] ラウド

形 （音などが）大きい
▶ a loud voice 大きい声

よく出る単語
形容詞

『5分間テストブック』を解いてみよう！ ➡ 別冊 p.39

577 ～ 592

■577
clear
[klíər] クリア

形 澄んだ，晴れた
▶ clear eyes　澄んだ目

■578
warm
[wɔːrm] ウォーム

形 暖かい
▶ a warm blanket　暖かい毛布

■579
windy
[wíndi] ウィンディ

形 風の強い，風の吹く
▶ a windy day　風の強い日

■580
snowy
[snóui] スノウイ

形 雪の降る
▶ a snowy night　雪の降る夜

■581
rainy
[réini] レイニィ

形 雨降りの
▶ the rainy season　雨降りの季節

■582
final
[fáinl] ファイヌル

形 最終の，最後の
▶ the final goal　最終の目標

■583
exciting
[iksáitiŋ] イクサイティンヶ

形 わくわくさせる
▶ an exciting game　わくわくさせる試合

■584
enjoyable
[indʒɔ́iəbl] インヂョイアブル

形 楽しい，おもしろい
▶ an enjoyable time
楽しい時間

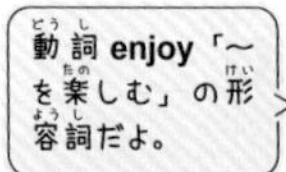
動詞 enjoy「～を楽しむ」の形容詞だよ。

585
international
[intərnǽʃənəl] インタナショナル

形 国際的な
▶ an international problem 国際的な問題

586
foreign
[fɔ́ːrin] フォーリン

形 外国の
▶ foreign people 外国の人々

587
local
[loukl] ロウカル

形 その土地の，地元の
▶ local food その土地の食べ物

588
fresh
[freʃ] フレッシ

形 新鮮な
▶ fresh air 新鮮な空気

589
full
[ful] フル

形 いっぱいの，満腹で
▶ a full glass of water コップいっぱいの水

590
narrow
[nǽrou] ナロウ

形 狭い
▶ a narrow street 狭い道

幅が狭いときはnarrow，面積が狭いときはsmallを使うよ。

591
tight
[tait] タイト

形 きつい
▶ a tight T-shirt きついTシャツ

592
simple
[símpl] スィンプル

形 質素な，簡単な
▶ a simple life 質素な生活

『5分間テストブック』を解いてみよう！ ➡ 別冊 p.40

38 よく出る単語
形容詞④・副詞①

■593
whole
[houl] ホウル
形 全～，全体の
▶ the whole country　全国

■594
several
[sévrəl] セヴラル
形 いくつかの，数個[人]の
▶ several documents　いくつかの書類

■595
sometimes
[sʌ́mtaimz] サムタイムズ
副 ときどき
▶ I sometimes go to school by bus.
私はときどきバスで学校へ行きます。

■596
almost
[ɔ́:lmoust] オールモウスト
副 もう少しで，ほとんど
▶ almost time to go to bed　もう少しで寝る時間

■597
never
[névər] ネヴァ
副 決して～ない，1度も～ない
▶ never forget the day
その日のことを決して忘れない

■598
always
[ɔ́:lweiz] オールウェイズ
副 いつも
▶ She's always quiet.　彼女はいつも物静かです。

■599
yet
[jet] イエット
副 (疑問文で)もう，(否定文で)まだ
▶ Have you finished your homework yet?
あなたはもう宿題を終えましたか。

■600
early
[ə́:rli] アーリィ
副 早く　形 早い
▶ early in the morning
朝早く

時刻が早いときは**early**，スピードが速いときは**fast**を使うよ。

■601
together
[təgéðər] トゥゲザァ

副 いっしょに
▶ jog together　いっしょにジョギングをする

■602
instead
[instéd] インステッド

副 代わりに
▶ stay home instead
代わりに家でじっとしている

■603
maybe
[méibiː] メイビー

副 たぶん，もしかすると
▶ Maybe he will come here.
たぶん彼はここへ来るでしょう。

■604
outside
[autsáid] アウトゥサイド

副 外で[へ]
前 ～の外で[に]　名 外側
▶ eat dinner outside　外で夕食を食べる

■605
later
[léitər] レイタァ

副 あとで
▶ call her later　あとで彼女に電話をかける

■606
however
[hauévər] ハウエヴァ

副 しかしながら
▶ However, he didn't come.
しかしながら，彼は来ませんでした。

■607　発音
either
[íːðər] イーザァ

副 ～もまた(～ない)
▶ I don't have a car, either.
私もまた車を持っていません。

■608
even
[íːvn] イーヴン

副 ～でさえ，さらに
▶ practice soccer even in the rain
雨の中でさえサッカーを練習する

『5分間テストブック』を解いてみよう！　➡ 別冊 p.41

39 よく出る単語 副詞②

■609

else

[els] エルス

副 そのほかに

▶ something else　そのほかに何か

■610

finally

[fáinəli] ファイナリィ

副 ついに，最後に

▶ We arrived here finally.
ついに私たちはここに着きました。

■611

someday

[sʌ́mdei] サムデイ

副 いつか，そのうちに

▶ will visit the city someday
いつかその市を訪れるだろう

■612

better

[bétər] ベタァ

副 よりじょうずに，よりよく　形 よりよい

▶ can sing better than before
以前よりじょうずに歌うことができる

good「よい」と well「じょうずに」の比較級だよ。

■613

sometime

[sʌ́mtaim] サムタイム

副 いつか

▶ want to live abroad sometime
いつか海外に住みたい

■614

quickly

[kwíkli] クウィクリィ

副 すばやく，すぐに

▶ clean the room quickly　部屋をすばやく掃除する

■615

abroad

[əbrɔ́:d] アブロード

副 海外に[で]

▶ go abroad　海外に行く

■616

ever

[évər] エヴァ

副 今までに

▶ Have you ever seen a whale?
あなたは今までにクジラを見たことがありますか。

0 300 600 920

617
everywhere
[évrihweər] エヴリ(フ)ウェア

副 いたるところに，どこでも

▶ see the sign everywhere
いたるところにその看板を見かける

618
anywhere
[énihweər] エニ(フ)ウェア

副 (否定文で)どこへも(〜ない)，(疑問文で)どこかへ

▶ We didn't go anywhere today.
私たちは今日どこへも行きませんでした。

619
alone
[əlóun] アロウン

副 1人で

▶ live alone　1人で暮らす

620
pretty
[príti] プリティ

副 とても，かなり
形 きれいな，かわいい

▶ pretty good　とてもよい

621
anytime
[énitaim] エニタイム

副 いつでも

▶ can use this computer anytime
いつでもこのコンピューターを使うことができる

622
anyway
[éniwei] エニウェイ

副 とにかく，いずれにしても

▶ I'll do my best anyway.
私はとにかく全力を尽くすつもりです。

623
carefully
[kéərfəli] ケアフリィ

副 注意深く

▶ listen to our teacher carefully
先生の話を注意深く聞く

624
actually
[ǽktʃuəli] アクチュアリィ

副 実は，実際に

▶ Actually, I didn't know that.
実は，私はそのことを知りませんでした。

『5分間テストブック』を解いてみよう！ ➜ 別冊 p.42

副詞③・前置詞・接続詞・助動詞

■625

below

[bilóu] ビロウ

副 下に[へ]

前 ～より下に[の]

▶ look at the graph below　下にあるグラフを見る

■626

luckily

[lʌ́kili] ラキリィ

副 幸運にも

▶ Luckily, I was able to meet her soon.
幸運にも，私はすぐに彼女と会うことができました。

■627

anymore

[enimɔ́:r] エニモー(ァ)

副 (否定文で)これ以上

▶ I can't wait for him anymore.
私はこれ以上彼を待つことはできません。

■628

without

[wiðáut] ウィズアウト

前 ～なしで

▶ go out without a coat　コートなしで出かける

■629

before

[bifɔ́:r] ビフォー(ァ)

前 ～の前に

接 ～する前に　副 以前に

▶ before dinner　夕食の前に

before の反対の意味の単語は after だよ。

■630

around

[əráund] アラウンド

前 ～の周りを[に]，～のあちこちを[に]

副 あちこちに[で]，およそ

▶ walk around my house　家の周りを歩く

■631

as

[æz, əz] アズ

前 ～として

▶ get a computer as a birthday present
誕生日プレゼントとしてコンピューターをもらう

■632

beside

[bisáid] ビサイド

前 ～のそばに，～と並んで

▶ stand beside the chair　いすのそばに立つ

0 300 600 920

■633

through

[θruː] スルー

前 ～を通り抜けて，～を通して

▶ through a tunnel トンネルを通り抜けて

■634

across

[əkrɔ́ːs] アクロース

前 ～を渡って，～を横切って

▶ across the river
川を渡って

cross は「～を渡る」という意味の動詞だよ。

■635

behind

[biháind] ビハインド

前 ～の後ろに

▶ behind the door ドアの後ろに

■636

while

[*h*wail] (フ)ワイル

接 ～する間に

▶ while I am sleeping 私が眠っている間に

■637

will

[wil] ウィル

助 ～するだろう

▶ will finish the job soon
まもなく仕事を終えるだろう

■638 発音

should

[ʃud, ʃəd] シュッド

助 ～すべきだ，～したほうがよい

▶ should listen to me 私の話を聞くべきだ

■639

must

[mʌst, məst] マスト

助 ～しなければならない

▶ must come home 帰宅しなければならない

■640 発音

could

[kud, kəd] クッド

助 ～(することが)できた

▶ could swim 100 meters
100 メートル泳ぐことができた

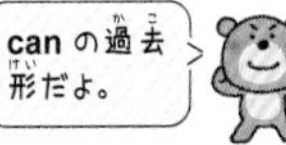

can の過去形だよ。

▷『5分間テストブック』を解いてみよう！ ➡ 別冊 p.43

英検TIPS!

どんな問題？　筆記試験

英検の一次試験は，筆記試験とリスニングテストの構成だよ。今回は筆記試験の大まかな流れを確認しよう。

1
英検３級の筆記試験は，問題１～問題４までの４部構成！
単語の問題だけじゃなくて，後半には熟語や文法の問題が出るの！
問題１は（　）に入る語句を，４つの選択肢から選ぶ問題だよ。
①②③④
4つの選択肢
単語・熟語・文法
4つ
2
問題２は会話文の（　）に入るものを選ぶ問題だよ。ここも選択肢は４つ！
この単語帳の，会話表現編にある表現も頻出だよ！
①②③④
会話文 4つの選択肢
会話表現編にある表現
4つ
ドサッ
あった！
3
問題３は関門!!長文問題が３題も出るの。
掲示とＥメールと説明文の読み取りだよ！
①②③④
長文問題
掲示
Eメール
説明文
3つ
長文苦手・・・
4
最後の問題４はライティングの問題。
英語で書かれた質問に対する自分の考えを英語で書くんだよ。
Do you like a
①②③④
ライティング
英語の質問
英語で書く

熟語編

とてもよく出る熟語140

英検では熟語の問題もよく出るよ！
この章では英検で
何度も出てきた熟語を学習するよ！

41

とてもよく出る熟語

動詞の働きをする熟語①

■641

have to *do*

～しなければならない

「～する必要がない」は **don't[doesn't] have to *do*** だよ。

▶ They **have to leave** home soon.
彼らはすぐに家を出なければなりません。

■642

need to *do*

～する必要がある

▶ I **need to move** the chair.
私はそのいすを動かす必要があります。

■643

take ～ to ...

～を…に連れていく，～を…に持っていく

▶ Did Kate's father **take** her **to** the station?
ケイトのお父さんは彼女を駅に連れていきましたか。

■644

be able to *do*

～することができる

▶ Sam **is able to skate** very well.
サムはとてもじょうずにスケートをすることができます。

■645

stay home

家にいる

▶ You must **stay home** until you finish your homework.
あなたは宿題を終えるまで家にいなければなりません。

■646

take part in ～

～に参加する

▶ I want to **take part in** the project.
私はそのプロジェクトに参加したいです。

■647

have been to ～

～へ行ったことがある

▶ Jun **has been to** Hawaii once.
純は1度ハワイへ行ったことがあります。

■648

look forward to ～

～を楽しみに待つ

▶ We are **looking forward to** seeing you.
私たちはあなたに会うことを楽しみに待っています。

to のあとに動詞がくるときは **ing** をつけるよ。

■649

look for ～

～を探す

▶ She **looked for** a present to give her friend.
彼女は友達にあげるためのプレゼントを探しました。

■650

move to ～

～に引っ越す

▶ Rie is going to **move to** Osaka next month.
理恵は来月，大阪に引っ越す予定です。

■651

be good at *doing*

～するのが得意だ，～するのがじょうずだ

▶ He **is good at speaking** French.
彼はフランス語を話すのが得意です。

■652

tell ～ to *do*

～に…するように言う

▶ My teacher **told** me **to read** this book.
私の先生は私にこの本を読むように言いました。

■653

decide to *do*

～しようと決心する

▶ I **decided to be** a doctor.
私は医者になろうと決心しました。

■654

plan to *do*

～するつもりだ

▶ We **plan to have** a party for Amy.
私たちはエイミーのためにパーティーを開くつもりです。

『5分間テストブック』を解いてみよう！ ➡ 別冊 p.44

42 とてもよく出る熟語
動詞の働きをする熟語②

■655

pay for ～

～の代金を払う

▶ Did you **pay for** the ticket?
あなたはそのチケットの代金を払いましたか。

■656

be interested in ～

～に興味がある

▶ I **am interested in** space.
私は宇宙に興味があります。

■657

be late for ～

～に遅刻する，～に遅れる

▶ Kevin **was late for** school this morning.
ケビンは今朝，学校に遅刻しました。

■658

forget to *do*

～するのを忘れる

▶ Don't **forget to call** him.
彼に電話するのを忘れないで。

■659

get to ～

～に着く

▶ We'll **get to** Shinjuku Station soon.
私たちはまもなく新宿駅に着きます。

arrive at[in]～ と同じ意味だよ。

■660

grow up

大人になる，成長する

▶ I want to be a dancer when I **grow up**.
私は大人になったら，ダンサーになりたいです。

■661

take care of ～

～の世話をする

▶ She usually **takes care of** her sister.
彼女はふだん妹の世話をします。

662

ask ～ to *do*

～に…するように頼む

▶ I **asked** him **to open** the door.
私は彼にドアを開けるように頼みました。

663

be tired of *doing*

～するのにあきている，～するのにうんざりしている

▶ We **are tired of watching** the movie.
私たちはその映画を見るのにあきています。

be tired from ～は「～で疲れる」という意味だよ。

664

go and *do*

～しに行く

▶ Let's **go and watch** a soccer game next Sunday.
今度の日曜日にサッカーの試合を見に行きましょう。

665

go on a trip

旅行に行く

▶ I'm going to **go on a trip** to Okinawa.
私は沖縄に旅行に行く予定です。

666

travel to ～

～へ旅行する，～に行く

▶ When did she **travel to** Australia?
彼女はいつオーストラリアへ旅行しましたか。

667

try to *do*

～しようとする

▶ The child **tried to climb** the tree.
その子どもは木に登ろうとしました。

668

take a trip

旅行をする

▶ They **took a trip** to Osaka last week.
彼らは先週，大阪へ旅行をしました。

『5分間テストブック』を解いてみよう！ ➡ 別冊 p.45

動詞の働きをする熟語③

■669

write back

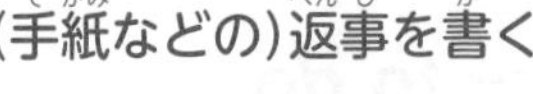

(手紙などの)返事を書く

▶ Please **write back** to me by Friday.
金曜日までに私に返事を書いてください。

手紙やEメールでよく使われるよ。

■670

write to ～

～に手紙を書く

▶ I sometimes **write to** my grandmother.
私はときどき祖母に手紙を書きます。

■671

be different from ～

～と異なる，～と違っている

▶ His idea **is different from** ours.
彼の考えは私たちのものと異なります。

■672

do well on ～

～でよい成績を出す，～でうまくいく

▶ He **did well on** the math exam.
彼は数学の試験でよい成績を出しました。

■673

find out ～

～を見つけ出す，～だとわかる

▶ We have to **find out** the right answer by tomorrow.
私たちは明日までに正しい答えを見つけ出さなければなりません。

■674

get off ～

～から降りる

▶ **Get off** the bus at the next bus stop.
次のバス停でバスから降りなさい。

■675

help ～ with ...

～の…を手伝う

▶ Bill **helped** his sister **with** her homework.
ビルは彼の妹の宿題を手伝いました。

■676

invite ～ to ...

～を…に招待する

▶ We **invited** Mr. Brown **to** the party.
私たちはブラウン先生をパーティーに招待しました。

■677

look like ～

～のように見える，～に似ている

▶ This stone **looks like** an egg.
この石は卵のように見えます。

like のあとには名詞や代名詞が続くよ。

■678

put on ～

～を着る，～を身につける

▶ Akira **put on** a new suit for the ceremony.
明は式典のために新しいスーツを着ました。

■679

want ～ to *do*

～に…してほしい

▶ I **want** you **to make** lunch with me.
私はあなたに私と昼食を作ってほしいです。

■680

be covered with ～

～でおおわれている

▶ The field **is covered with** grass.
野原は草でおおわれています。

■681

be full of ～

～でいっぱいである

▶ The glass **is full of** water.
そのコップは水でいっぱいです。

■682

be afraid of ～

～を怖がる，～を恐れる

▶ He **was afraid of** the big dog.
彼はその大きなイヌを怖がりました。

『5分間テストブック』を解いてみよう！ ➡ 別冊 p.46

44 とてもよく出る熟語 動詞の働きをする熟語④

■683

be sold out

売り切れである

▶ The comic book **was sold out**.
その漫画本は売り切れました。

■684

get married

結婚する

▶ They are going to **get married** next month.
彼らは来月，結婚する予定です。

■685

have time to *do*

～する時間がある

▶ Does Kumi **have time to study** before taking a bath?
久美は風呂に入る前に勉強する時間がありますか。

■686

leave for ～

～へ向けて出発する

▶ I'll **leave for** France tomorrow.
私は明日，フランスへ向けて出発します。

〈**leave** ＋出発地〉は「～を出発する」という意味だね。

■687

pick up ～

～を拾い上げる，～を車で迎えにいく

▶ We **picked up** some trash in the room.
私たちはその部屋でごみを拾い上げました。

■688

think of ～

～を思いつく，～について考える

▶ Who **thought of** the idea?
だれがそのアイデアを思いつきましたか。

■689

wake up

目が覚める

▶ What time did you **wake up** this morning?
あなたは今朝，何時に目が覚めましたか。

690

ask ～ for ...

～に…を求める

▶ They **asked** me **for** help.
彼らは私に助けを求めました。

691

be back

戻る，帰る

▶ My mother will **be back** at about six o'clock.
母は６時ごろ戻ります。

692

be popular with ～

～の間で人気がある

▶ Ms. Tanaka **is popular with** her students.
田中先生は彼女の生徒の間で人気があります。

693

be proud of ～

～を誇りに思う

▶ I **am proud of** his success.
私は彼の成功を誇りに思います。

694

be ready for ～

～の用意ができている

▶ We **are ready for** Amy's birthday party.
私たちはエイミーの誕生日パーティーの用意ができています。

695

be ready to *do*

～する用意ができている

▶ He **is ready to go** to school.
彼は学校へ行く用意ができています。

ready は「用意ができて」という意味の形容詞だね。

696

be worried about ～

～のことを心配している

▶ We **are worried about** her life in America.
私たちは彼女のアメリカでの生活のことを心配しています。

『5分間テストブック』を解いてみよう！ ➡ 別冊 p.47

動詞の働きをする熟語⑤

697

break *one's* promise

約束を破る

▶ You must not **break your promise**.
あなたは約束を破ってはいけません。

698

go to work

仕事に行く

▶ My brother usually **goes to work** from Monday to Friday.
兄はふつう月曜日から金曜日まで仕事に行きます。

699

graduate from ～

～を卒業する

▶ My sister will **graduate from** university next spring.
姉は来春，大学を卒業します。

700

have a cold

かぜをひいている

▶ I **have a cold**.
私はかぜをひいています。

701

hear about ～

～について聞く

▶ I want to **hear about** your travel to Italy.
私はあなたのイタリア旅行について聞きたいです。

702

help ～ *do*

～が…するのを手伝う

▶ Please **help** me **make** dinner.
私が夕食を作るのを手伝ってください。

help ～ to *do* のように，**to** が入ることもあるよ。

703

hope to *do*

～することを望む

▶ I **hope to see** you again.
私はまたあなたに会うことを望みます。

0 300 600 920

■704

introduce ～ to ...

～を…に紹介する

▶ I'll **introduce** my friend **to** you.
私の友達をあなたに紹介します。

■705

hurry up

急ぐ

▶ If you **hurry up**, you can catch the bus.
もし急げば，あなたはバスに間に合います。

■706

be in a hurry

急いでいる

▶ Sam **was in a hurry** when I saw him.
私がサムを見たとき，彼は急いでいました。

■707

run away

逃げる，走り去る

▶ I don't know where the man **ran away**.
私はその男性がどこへ逃げたか知りません。

■708

don't have to *do*

～する必要がない，～しなくてもよい

▶ We **don't have to finish** the report today.
私たちは今日そのレポートを終える必要はありません。

■709

see a doctor

医者に診てもらう

▶ Ken **saw a doctor** because he hurt his leg.
健は足をけがしたので，医者に診てもらいました。

■710

sound like ～

～のように聞こえる，～のように思われる

▶ Her plan **sounds like** a good idea.
彼女の案はよいアイデアのように聞こえます。

相手の発言を聞いて，その印象を伝えるときに使う表現だよ。

『5分間テストブック』を解いてみよう！ ➜ 別冊 p.48

46 とてもよく出る熟語 動詞の働きをする熟語⑥

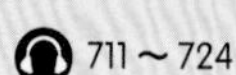

■711

stay with ～

～の家に泊まる

「～(場所)に滞在する」は **stay at[in]～** だよ。

▶ Saki usually **stays with** her aunt when she visits Hokkaido.
早紀は北海道を訪れるとき，たいてい彼女のおばの家に泊まります。

■712

stay up late

遅くまで起きている

▶ Aya **stayed up late** last night.
亜矢は昨晩，遅くまで起きていました。

■713

take a walk

散歩する

▶ Takuya often **takes a walk** along the river.
卓也はよく川沿いを散歩します。

■714

take lessons

レッスンを受ける

▶ You can **take lessons** at this culture center anytime.
あなたはこのカルチャーセンターでいつでもレッスンを受けることができます。

■715

take off ～

～を脱ぐ

▶ Please **take off** your hat during the performance.
公演中は帽子を脱いでください。

■716

turn down ～

～の音量を下げる

▶ The baby is sleeping, so **turn down** the TV.
赤ちゃんが寝ているから，テレビの音量を下げなさい。

■717

turn off ～

～を消す，～を止める

▶ You should **turn off** the light when you go out of the room.
部屋から出るときは明かりを消すべきです。

□718

be absent from ～

～を欠席する

▶ Yuka **is absent from** school today.
由香は今日，学校を欠席しています。

□719

be happy to *do*

～してうれしい

▶ I **am happy to get** a ticket for the concert.
私はそのコンサートのチケットを手に入れてうれしいです。

□720

be glad to *do*

～してうれしい

▶ We **are glad to win** the soccer game.
私たちはサッカーの試合に勝ってうれしいです。

□721

be in the hospital

入院している

▶ My grandmother has **been in the hospital** since last week.
祖母は先週から入院しています。

□722

have a headache

頭痛がする

▶ He went home because he **had a headache**.
彼は頭痛がするので，帰宅しました。

病気にかかっていると言うときは **have** を使うよ。

□723

be sick in bed

病気で寝ている

▶ My mother **was sick in bed** yesterday.
母は昨日，病気で寝ていました。

□724

bring ～ to ...

～を…に持ってくる

▶ Please **bring** some drinks **to** the party.
飲みものをパーティーに持ってきてください。

『5分間テストブック』を解いてみよう！ ➡ 別冊 p.49

47 とてもよく出る熟語
動詞の働きをする熟語⑦

725

be kind to ～

～に親切である

▶ Emma **is kind to** everyone.
エマはみんなに親切です。

726

be filled with ～

～でいっぱいである

▶ The room **is filled with** students.
その部屋は学生でいっぱいです。

727

put ～ in ...

～を…に入れる

▶ **Put** your jacket **in** the closet.
上着をクローゼットに入れなさい。

728

call ～ back

～に電話をかけなおす

▶ Can you **call** me **back** later?
あとで私に電話をかけなおしてくれますか。

729

change trains

電車を乗り換える

▶ We **changed trains** at Sapporo Station.
私たちは札幌駅で電車を乗り換えました。

trains と複数形になることに注意！

730

clean up ～

～を掃除する，～をきれいにする

▶ Akira **cleaned up** his room all day.
明は１日中，部屋を掃除しました。

731

fall off ～

～から落ちる

▶ A vase **fell off** the table in the earthquake.
地震で花びんがテーブルから落ちました。

■732

feel sick 気分が悪い

▶ Does he **feel sick**?
彼は気分が悪いのですか。

■733

get a good grade on ～ ～でよい成績をとる

▶ Mike **got a good grade on** the science test.
マイクは理科のテストでよい成績をとりました。

「悪い成績」は a bad grade だよ。

■734

give ～ a hand ～を手伝う

▶ Shall I **give** you **a hand**?
あなたを手伝いましょうか。

■735

give ～ a ride ～を車で送る

▶ I **gave** my daughter **a ride** to the station.
私は娘を駅まで車で送りました。

■736

go abroad 海外へ行く

▶ I want to **go abroad** someday.
私はいつか海外へ行きたいです。

■737

hear of ～ ～のことを聞く

▶ I **heard of** a new student.
私は新入生のことを聞きました。

■738

hear from ～ ～から連絡をもらう

▶ My sister **heard from** her friend who lives in London.
妹はロンドンに住んでいる友達から連絡をもらいました。

『5分間テストブック』を解いてみよう！ ➡ 別冊 p.50

その他の熟語①

■739

where to *do*

どこへ～するべきか

▶ We didn't know **where to carry** these packages.
私たちはこれらの荷物をどこへ運ぶべきかわかりませんでした。

when to *do* だと「いつ～するべきか」という意味になるよ。

■740

one of ～

～のうちの1つ，～のうちの1人

▶ Taking pictures is **one of** my hobbies.
写真を撮ることは私の趣味のうちの1つです。

■741

how to *do*

～の仕方，～する方法

▶ Please show me **how to use** this machine.
私にこの機械の使い方を教えてください。

■742

in front of ～

～の前に

▶ There is a post office **in front of** the city hall.
市役所の前に郵便局があります。

■743

once a week

週に1回

▶ I go to swimming school **once a week**.
私は週に1回水泳教室に行きます。

■744

far from ～

～から遠くに

▶ Is the stadium **far from** here?
スタジアムはここから遠いですか。

■745

far away

遠くに

▶ He has moved **far away**.
彼は遠くに引っ越してしまいました。

□746

next to ～

～のとなりに

▶ My brother is **next to** Bob.
私の弟はボブのとなりにいます。

□747

too ～ to *do*

とても～なので…できない

▶ I'm **too** tired **to walk** anymore.
私はとても疲れているのでこれ以上歩けません。

□748

because of ～

～のために

of のあとには名詞，代名詞，動詞の ing 形が続くよ。

▶ They can't go out **because of** the snow.
彼らは雪のために外出できません。

□749

for the first time

初めて

▶ Last summer, I went to London **for the first time**.
昨年の夏，私は初めてロンドンに行きました。

□750

for free

無料で

▶ You can get the pamphlet **for free**.
あなたはそのパンフレットを無料で手に入れることができます。

□751

around the world

世界中で

▶ The musician is known **around the world**.
その音楽家は世界中で知られています。

□752

in the world

世界で

▶ This movie is the most popular **in the world**.
この映画は世界で最も人気があります。

『5分間テストブック』を解いてみよう！ ➡ 別冊 p.51

その他の熟語②

■753

all over the world

世界中で

▶ English is spoken **all over the world**.
英語は世界中で話されています。

■754

on vacation

休暇で

▶ Mr. Smith is staying in Kyoto **on vacation**.
スミス先生は休暇で京都に滞在しています。

■755

a piece of 〜

1 枚の〜，1 切れの〜

▶ She has **a piece of** paper in her hand.
彼女は手に 1 枚の紙を持っています。

■756

by *oneself*

1 人で，独力で

▶ He did the job **by himself**.
彼は 1 人でその仕事をしました。

for *oneself* だと「自分のために」という意味だよ。

■757

most of 〜

〜のほとんど，〜の大部分

▶ **Most of** the students joined the festival.
生徒のほとんどがその祭りに参加しました。

■758

such as 〜

たとえば〜のような

▶ I like indoor sports, **such as** table tennis.
私はたとえば卓球のような屋内のスポーツが好きです。

■759

for example

たとえば

▶ Paul has been to many countries. **For example**, Canada and Mexico.
ポールは多くの国に行ったことがあります。たとえばカナダやメキシコです。

0　300　600　920

760

a few ～

2, 3の～, 少しの～

▶ There are **a few** children in the park.
公園に2, 3人の子どもがいます。

761

a pair of ～

1組の～

a pair of jeans で「1着のジーンズ」だよ。

▶ I bought **a pair of** gloves yesterday.
私は昨日1組の手袋を買いました。

762

at first

最初は

▶ **At first**, we didn't believe the news.
最初は, 私たちはその知らせを信じませんでした。

763

between ～ and ...

～と…の間に

▶ Jane is **between** Emma **and** Lisa.
ジェーンはエマとリサの間にいます。

764

near here

この近くに

▶ Do you know any good restaurants **near here**?
あなたはこの近くによいレストランを知っていますか。

765

on foot

徒歩で

▶ She goes to school **on foot**.
彼女は徒歩で学校へ行きます。

766

on time

時間通りに

▶ The plane is going to leave the airport **on time**.
その飛行機は時間通りに空港を出発する予定です。

『5分間テストブック』を解いてみよう！ ➜ 別冊 p.52

その他の熟語③

■767

on *one's* way home

家に帰る途中で

▶ **On my way home**, I found a little cat.
家に帰る途中で，私は小さなネコを見つけました。

■768

one day

ある日，いつか

▶ **One day**, I met a boy on the street.
ある日，私は通りで１人の男の子に出会いました。

■769

hundreds of 〜

何百もの〜

▶ I saw **hundreds of** people at the concert.
私はコンサートで何百人もの人々を見ました。

■770

thousands of 〜

何千もの〜，たくさんの〜

▶ **Thousands of** birds come to this lake in winter.
何千もの鳥が冬にこの湖に来ます。

■771

twice a week

週に２回

3回以上は **three times** のように表すよ。

▶ I do volunteer work **twice a week**.
私は週に２回ボランティア活動をします。

■772

a slice of 〜

１枚の〜，１切れの〜

▶ I usually eat **a slice of** bread for breakfast.
私はふだん朝食に１枚のパンを食べます。

■773

at the end of 〜

〜の終わりに

▶ She writes a diary **at the end of** the day.
彼女は１日の終わりに日記を書きます。

0　300　600　920

■774

each other

お互いに

▶ We know **each other** well.
私たちはお互いによく知っています。

■775

in fact

実は，実際は

▶ **In fact**, the picture you are looking at was taken by a famous photographer.
実は，あなたが見ているその写真は有名な写真家によって撮られました。

■776

on business

仕事で

▶ Saki's father went to New York **on business**.
早紀の父親は仕事でニューヨークへ行きました。

■777

these days

最近

ふつうは現在形や現在進行形の文で使うよ。

▶ My mother is very busy **these days**.
母は最近とても忙しいです。

■778

(a) part of ～

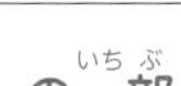

～の一部

▶ Listening to music is **a part of** my life.
音楽を聞くことは私の生活の一部です。

■779

a couple of ～

2，3の～

▶ I used **a couple of** eggs for making pancakes.
私はパンケーキを作るのに2，3個の卵を使いました。

■780

anything else

ほかに何か

▶ Do you need **anything else**?
あなたはほかに何か必要ですか。

その他の熟語

『5分間テストブック』を解いてみよう！ 
➡ 別冊 p.53

英検TIPS!

どんな問題？　リスニング

英検の一次試験のリスニングテストの大まかな流れを確認しよう。

1
英検3級のリスニングテストは，第1部～第3部までの3部構成！
第1部はイラストを参考に対話を聞いて，最後の発言に対する応答を3つの音声から選ぶ問題だよ。
①②③
↓
・3つの音声から選ぶ
3つ
音声から選ぶんだ!!
2
対話と質問は音声だけど，選択肢は問題冊子にのっているよ！
第2部は対話を聞いて，その内容に関する質問の答えを選ぶ問題だよ。
①②③
↓
・選択肢は問題冊子に
・選択肢は4つ
4つ
選択肢は4つだから，読んで選ぶ時間に気を付けて！
あせらない
あせらない
3
物語やアナウンスの英文のあと，内容に関する質問が流れるの！ その答えを問題冊子の選択肢から選ぶ問題だよ。
いよいよ最後の第3部!!
いよいよ…!!
4つ ①②③
・選択肢は問題冊子に
・選択肢は4つ
これでさいご!!
ここも選択肢は4つだから，時間配分に気を付けよう！

よく出る熟語140

この章では英検で
複数回出てきた熟語を学習するよ！
しっかりおぼえて，他の人と差をつけよう！

動詞の働きをする熟語①

781～794

■781

keep *doing*

～し続ける

▶ They **kept talking** all night.
彼らは一晩中話し続けました。

■782

look after ～

～の世話をする

▶ Kevin **looks after** his sister when his parents are busy.
ケビンは両親が忙しいとき，妹の世話をします。

■783

look around ～

～を見て回る，～のあたりを見回す

▶ We **looked around** the new shopping mall.
私たちは新しいショッピングモールを見て回りました。

■784

make a speech

スピーチをする，演説をする

▶ Saki **made a speech** in English.
早紀は英語でスピーチをしました。

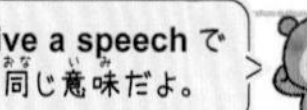
give a speech でも同じ意味だよ。

■785

make ～ of ...

…で～を作る

▶ Mike is **making** a table **of** wood.
マイクは木でテーブルを作っています。

■786

say hello to ～

～によろしくと言う

▶ Please **say hello to** your friends.
あなたの友達によろしくと言ってください。

■787

say goodbye to ～

～にさようならを言う

▶ Bill **said goodbye to** his classmates.
ビルはクラスメートにさようならを言いました。

788
take a break
ひと休みする

▶ Let's **take a break** here.
ここでひと休みしよう。

789
take a test
試験を受ける

▶ I'm going to **take a test** tomorrow.
私は明日，試験を受ける予定です。

790
think about ～
～について考える

▶ We should **think about** environmental problems.
私たちは環境問題について考えるべきです。

791
try on ～
～を試着する

▶ Can I **try on** this red sweater?
この赤いセーターを試着してもいいですか。

衣料品店での会話でよく出てくるよ。

792
turn on ～
～を出す，～をつける

▶ She **turned on** the water and washed her hands.
彼女は水を出して手を洗いました。

793
work for ～
～で働く

▶ Lisa's father **works for** a company in Tokyo.
リサの父親は東京にある会社で働いています。

794
agree with ～
～に同意する

▶ Do you **agree with** our idea?
あなたは私たちの考えに同意しますか。

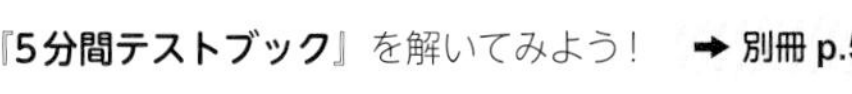
『5分間テストブック』を解いてみよう！ ➡ 別冊 p.54

52 よく出る熟語
動詞の働きをする熟語②

795
be born
生まれる

▶ Paul **was born** in Sydney.
ポールはシドニーで生まれました。

796
be excited about ～
～にわくわくする

▶ They **are excited about** the school trip.
彼らは修学旅行にわくわくしています。

797
be surprised to *do*
～して驚く

▶ I **was surprised to get** an e-mail from her.
私は彼女からEメールをもらって驚きました。

798
be known as ～
～として知られている

▶ The man **is known as** a great scientist in the world.
その男性は世界ですばらしい科学者として知られています。

「～に知られている」は **be known to** ～だよ。

799
belong to ～
～に所属している

▶ Lisa **belongs to** the art club.
リサは美術部に所属しています。

800
drive ～ to ...
～を車で…へ送る

▶ Did you **drive** Rie **to** the stadium?
あなたは理恵を車でスタジアムへ送りましたか。

801
get on ～
～に乗る

▶ We want to **get on** the bus at 8 o'clock.
私たちは8時にバスに乗りたいです。

■802

exchange ～ for ...

～を…と交換する

▶ I **exchanged** some comic books **for** money.
私は数冊の漫画本をお金と交換しました。

■803

fall down

倒れる，転ぶ

▶ The tree **fell down** on a windy day.
その木は風の強い日に倒れました。

■804

have enough ～ to *do*

…するのに十分な～がある

▶ They **have enough** time **to prepare** for the meeting.
彼らは会議の準備をするのに十分な時間があります。

■805

keep in touch with ～

～と連絡を取り合う

▶ I **keep in touch with** my cousin in America.
私はアメリカにいるいとこと連絡を取り合っています。

■806

laugh at ～

～を聞いて笑う，～を見て笑う

▶ Jane **laughed at** rakugo on the radio.
ジェーンはラジオで落語を聞いて笑いました。

■807

leave a message

伝言を残す

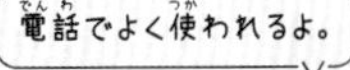

▶ Can I **leave a message** for him?
彼に伝言を残してもいいですか。

■808

lose *one's* way

道に迷う

▶ We **lost our way** in the forest.
私たちは森の中で道に迷いました。

▷『5分間テストブック』を解いてみよう！ ➜ 別冊 p.55

809～822

■809

make a mistake

間違える

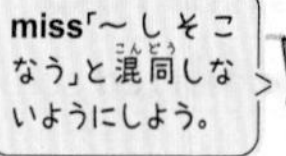

miss「～しそこなう」と混同しないようにしよう。

▶ She **made a mistake** in the English test.
彼女は英語のテストで間違えました。

■810

make money

お金をかせぐ

▶ He has to **make money** for his family.
彼は家族のためにお金をかせがなければなりません。

■811

spend ～ on ...

～を…に使う

▶ He **spends** a lot of money **on** his hobby.
彼は多くのお金を自分の趣味に使います。

■812

save money

お金を貯める，お金を節約する

▶ I have to **save money** to buy a new computer.
私は新しいコンピューターを買うためにお金を貯めなければなりません。

■813

take a look at ～

～をひと目見る

▶ Yuta **took a look at** the picture.
雄太はその写真をひと目見ました。

■814

talk to *oneself*

ひとりごとを言う

▶ She often **talks to herself** when she is in her room.
彼女は部屋にいるとき，よくひとりごとを言います。

■815

throw away ～

～を捨てる

▶ Don't **throw away** plastic bottles into this trash box.
このごみ箱にペットボトルを捨ててはいけません。

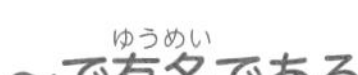

0　300　600　920

■816

be famous for ～

～で有名である

▶ This area **is famous for** its delicious fruits.
この地域はとてもおいしい果物で有名です。

■817

cheer up ～

～を元気づける

▶ I'll **cheer up** Yuka because she looks sad.
由香が悲しそうに見えるので，私は彼女を元気づけるつもりです。

■818

come true

実現する，本当になる

▶ I hope her dream will **come true**.
私は彼女の夢が実現するといいと思います。

■819

cut ～ into ...

～を…に切る

▶ She **cut** the vegetables **into** sticks.
彼女は野菜を棒状に切りました。

■820

do *one's* best

全力を尽くす

▶ The members of the baseball team **did their best**, but they lost the game.
野球部の部員は全力を尽くしましたが，試合に負けました。

■821

get angry

怒る

「～(人)に怒る」は **get angry with** ～だよ。

▶ Why did he **get angry** at that time?
なぜ彼はそのとき怒ったのですか。

■822

give up ～

～をあきらめる，～をやめる

▶ You should not **give up** your dream.
あなたは夢をあきらめるべきではありません。

『5分間テストブック』を解いてみよう！　➡ 別冊 p.56

動詞の働きをする熟語④

823
get in trouble
困ったことになる

▶ He **got in trouble** during the trip abroad.
彼は海外旅行中に困ったことになりました。

824
go into ～
～に入る

▶ The train is going to **go into** the tunnel soon.
電車はまもなくトンネルに入ります。

825
go out
出かける

▶ Why don't we **go out** to see a movie next Sunday?
今度の日曜日に映画を見に出かけるのはどうですか。

826
have a fever
熱がある

▶ I think Sam **has a fever**.
私はサムは熱があると思います。

827
have a stomachache
腹痛がする

▶ I **have a stomachache**.
私は腹痛がします。

828
have an interview with ～
～にインタビューをする

▶ We **had an interview with** a tennis player.
私たちはテニス選手にインタビューをしました。

829
receive a prize
賞をとる，受賞する

▶ Our class **received a prize** at the chorus contest.
私たちのクラスは合唱コンクールで賞をとりました。

「賞を与える」は **give a prize** だよ。

0 300 600 920

830

show ～ around ...

～に…を案内する

▶ My father sometimes **shows** people from foreign countries **around** the city.
父はときどき外国から来た人々に市内を案内します。

831

stop at ～

～に立ち寄る

▶ When you visit our city, **stop at** the souvenir shop.
私たちの市を訪れたら，そのみやげ物店に立ち寄ってください。

832

would like to *do*

～したい

want to *do* よりていねいな表現だよ。

▶ I **would like to know** the way to the post office.
私は郵便局までの道を知りたいです。

833

be sure to *do*

必ず～する

▶ She **is sure to join** our team.
彼女は必ず私たちのチームに参加します。

834

be surprised at ～

～に驚く

▶ We **were surprised at** the actor's wonderful performance.
私たちはその俳優のすばらしい演技に驚きました。

835

be tired from ～

～で疲れる

▶ I **was tired from** cleaning my room.
私は自分の部屋の掃除で疲れました。

836

be scared of ～

～を怖がる

▶ She **was scared of** the dark.
彼女は暗闇を怖がりました。

『5分間テストブック』を解いてみよう！ ➡ 別冊 p.57

動詞の働きをする熟語⑤

■837

be similar to ～

～と似ている

▶ Your skirt **is similar to** Aya's.
あなたのスカートは亜矢のスカートと似ています。

■838

brush *one's* teeth

歯をみがく

▶ **Brush your teeth** after meals.
食事のあとは歯をみがきなさい。

■839

change *one's* mind

気が変わる，考えを変える

▶ He **changed his mind** and stopped going to the park.
彼は気が変わって公園へ行くのをやめました。

■840

care about ～

～を気づかう

▶ He always **cares about** elderly people.
彼はいつもお年寄りを気づかっています。

■841

depend on ～

～しだいである，～に頼る

▶ Today's baseball game **depends on** the weather.
今日の野球の試合は天候しだいです。

■842

feel like *doing*

～したい気分である

▶ I **feel like eating** Italian food today.
私は今日イタリア料理を食べたい気分です。

like のあとの動詞は ing 形になるよ。

■843

get ～ to *do*

～に…させる, ～に…してもらう

▶ Ms. Yamada **got** us **to clean** the music room.
山田先生は私たちに音楽室を掃除させました。

■844

get away from ～

～から離れる

▶ You should **get away from** the area right now.
あなたは今すぐその区域から離れるべきです。

■845

get in ～

～に乗りこむ，～に入る

▶ The man **got in** his car and called someone.
その男性は自分の車に乗りこんでだれかに電話をかけました。

■846

get better

（病気などが）よくなる

▶ Kumi is sleeping now, so she will **get better** soon.
久美は今，眠っているので，すぐによくなるでしょう。

■847

take off

（飛行機が）離陸する

▶ The plane will **take off** at 10 o'clock.
その飛行機は 10 時に離陸します。

■848

get together

集まる

▶ We **got together** and talked a lot yesterday.
私たちは昨日，集まってたくさん話しました。

■849

go for a walk

散歩に行く

▶ Amy often **goes for a walk** when she is free.
エイミーはひまなときによく散歩に行きます。

■850

had better *do*

～したほうがよい，～しなさい

▶ You **had better take** your umbrella with you today.
あなたは今日かさを持っていったほうがいいです。

better のあとは動詞の原形がくるよ。過去形だけど，現在の意味だよ。

『5分間テストブック』を解いてみよう！ ➡ 別冊 p.58

56 よく出る熟語
動詞の働きをする熟語⑥

■851

have a chance to *do*

～する機会がある

▶ I **had a chance to see** a famous painting at the art museum.
私はその美術館で有名な絵画を見る機会がありました。

■852

have a fight

けんかをする

▶ Takuya and I **had a fight** last week.
卓也と私は先週けんかをしました。

■853

have a good memory

記憶力がよい

▶ Does Mike **have a good memory**?
マイクは記憶力がよいですか。

■854

look well

元気そうに見える

▶ Did Ken **look well** when you saw him?
あなたが健に会ったとき，彼は元気そうに見えましたか。

■855

make ～ from ...

～を…から作る

▶ We **make** cheese **from** the milk given by the cows.
私たちはチーズをその牛からとれる牛乳から作ります。

from のあとは原料を表す名詞が続くよ。

■856

make ～ into ...

～を…にする

▶ They **make** plastic bottles **into** T-shirts in the factory.
彼らはその工場でペットボトルを T シャツにします。

■857

name ～ after ...

…にちなんで～に名前をつける

▶ My parents **named** me **after** my grandfather.
両親は祖父にちなんで私に名前をつけました。

0 300 600 920

858

raise *one's* hand

手をあげる

▶ If you have any questions, **raise your hand**.
もし質問があるなら，手をあげなさい。

859

take a message

伝言を預かる

▶ Shall I **take a message**?
伝言を預かりましょうか。

860

take place

行われる，起こる

▶ The event **took place** in the rain.
そのイベントは雨の中行われました。

861

turn left

左に曲がる

道案内の場面でよく出てくるよ。

▶ **Turn left** at the next corner.
次の角を左に曲がりなさい。

862

turn up ～

～の音量を上げる

▶ He **turned up** the radio and listened to it carefully.
彼はラジオの音量を上げて注意深く聞きました。

863

work well

調子よく動く，うまく機能する

▶ This machine **works well** today.
この機械は今日は調子よく動きます。

864

would love to *do*

ぜひ～したい

▶ I **would love to go** to the amusement park with you.
私はあなたとぜひ遊園地に行きたいです。

『5分間テストブック』を解いてみよう！ ➡ 別冊 p.59

57 よく出る熟語 その他の熟語①

865 〜 878

■865

as usual

いつものように

▶ I walked my dog before breakfast **as usual**.
私はいつものように朝食前にイヌを散歩させました。

■866

first of all

まず第一に

▶ **First of all**, you should listen to me more carefully.
まず第一に，あなたは私の話をもっと注意深く聞くべきです。

■867

for more information

詳しいことは

▶ **For more information**, please call us.
詳しいことは，私たちにお電話ください。

■868

more than 〜

〜より多くの

▶ Yuta has **more than** one hundred books in his room.
雄太は部屋に 100 冊より多くの本を持っています。

■869

on sale

特売で，売りに出されて

▶ Some T-shirts are **on sale** at the shop.
その店では何枚かの T シャツが特売になっています。

■870

right away

すぐに，今すぐ

▶ You have to get up early tomorrow, so you should go to bed **right away**.
あなたは明日，早く起きなければならないので，すぐに寝るべきです。

■871

all the way

ずっと

▶ They have been running **all the way** around the large park.
彼らは広い公園の周りをずっと走っています。

0 300 600 920

■872

all day

1日中

▶ I worked hard **all day**.
私は1日中，一生懸命に働きました。

■873

for a long time

長い間

▶ He didn't go back to his hometown **for a long time**.
彼は長い間，故郷に帰りませんでした。

■874

as ～ as ...

…と同じくらい～

▶ Kevin's dog is **as** large **as** mine.
ケビンのイヌは私のイヌと同じくらい大きいです。

■875

the same as ～

～と同じ

▶ My opinion is **the same as** hers.
私の意見は彼女の意見と同じです。

■876

at that time

そのとき

▶ A woman talked to me **at that time**.
そのときある女性が私に話しかけました。

■877

half an hour

30分

「1時間半」は **one and a half hours** などと表すよ。

▶ The train will leave in **half an hour**.
その電車は30分後に出発します。

■878

in time

間に合って

▶ We will be **in time** for the bus if we leave now.
もし今，出発すれば，私たちはバスに間に合うでしょう。

『5分間テストブック』を解いてみよう！  別冊 p.60

その他の熟語②

879

either ～ or ...

～か…かどちらか

▶ I want to visit **either** Osaka **or** Kyoto this weekend.
私は今週末に大阪か京都かどちらかを訪れたいです。

880

so ～ that ...

とても～なので…

▶ Yuka is **so** kind **that** everyone likes her.
由香はとても親切なので，みんな彼女のことが好きです。

881

such a[an] ～

そんなに～，これほどの～

▶ I can't buy **such an** expensive camera.
私はそんなに高価なカメラを買うことはできません。

882

thanks to ～

～のおかげで，～のせいで

▶ **Thanks to** you, the event succeeded.
あなたのおかげで，イベントは成功しました。

883

the other day

先日

▶ **The other day**, we saw a musical at the theater.
先日，私たちは劇場でミュージカルを見ました。

884

～ than any other ...

ほかのどの…よりも～

▶ Jun swims faster **than any other** boy in his class.
純はクラスのほかのどの男の子よりも速く泳ぎます。

other のあとに続く名詞は単数形だよ。

885

all the time

いつも，その間ずっと

▶ She listens to music **all the time** at home.
彼女は家でいつも音楽を聞いています。

0　300　600　920

■886

at last

ついに，やっと

▶ **At last**, they got to the top of the mountain.
ついに，彼らは山の頂上に着きました。

■887

as soon as possible

できるだけ早く

▶ Please contact us **as soon as possible**.
できるだけ早く私たちにご連絡ください。

■888

by the way

ところで

▶ **By the way**, how are your parents?
ところで，ご両親はお元気ですか。

■889

for a while

しばらくの間

▶ Please be quiet **for a while**.
しばらくの間，静かにしてください。

■890

less than ～

～より少ない

▶ **Less than** 100,000 people live in this town.
10万人より少ない人々がこの町に住んでいます。

■891

of course

もちろん

▶ **Of course**, he will pass the exam.
もちろん，彼は試験に合格するでしょう。

■892

on *one's* right

右側に，右手に

「左側に」は **on one's left** だよ。

▶ Go straight, and you will see the hospital **on your right**.
まっすぐ行くと，右側に病院が見えるでしょう。

▷『5分間テストブック』を解いてみよう！　➡ 別冊 p.61

59 よく出る熟語 その他の熟語③

■893

How far ～?

どれくらいの距離～ですか。

▶ **How far** is it from here to the city hall**?**
ここから市役所までどれくらいの距離ですか。

■894

How long ～?

どれくらいの期間～ですか。

▶ **How long** has Emma stayed in Kyoto**?**
エマはどれくらいの期間京都に滞在していますか。

■895

How often ～?

どれくらいの頻度で～ですか。

▶ **How often** do you go to the library in a week**?**
あなたは１週間にどれくらいの頻度で図書館へ行きますか。

■896

How many times ～?

何回～ですか。

▶ **How many times** did your brother go fishing during his vacation**?**
あなたのお兄さんは休暇中に何回つりに行きましたか。

■897

It takes ～ ... to *do*.

～が―するのに…(時間)がかかる。

▶ **It takes** me a lot of time **to read** this thick book.
私がこの分厚い本を読むのに多くの時間がかかります。

Itは「それは」と訳さないことに注意しよう。

■898

no more ～

これ以上～ない

▶ There is **no more** food in this house.
この家にはこれ以上食べものがありません。

■899

not ～ yet

まだ～ない

▶ I have **not** finished my homework **yet**.
私はまだ宿題を終えていません。

900

not ～ at all

まったく～ない

▶ Mr. Green does **not** speak Japanese **at all**.
グリーン先生はまったく日本語を話しません。

901

on stage

ステージに出て

▶ Some famous stars are **on stage** and dance at this show.
このショーでは数人の有名なスターがステージに出て踊ります。

902

on *one's* way to ～

～へ行く途中で

▶ **On their way to** the lake, they crossed the river.
湖へ行く途中で，彼らは川を渡りました。

903

something ～ to *do*

…するための何か～なもの

▶ We'll get **something** special **to give** him at the shop.
私たちはその店で彼にあげるための何か特別なものを買うつもりです。

「～」の部分には形容詞が入るよ。

904

this way

こちらへ

▶ Take off your shoes and come **this way**, please.
くつを脱いでこちらへ来てください。

905

after a while

しばらくして

▶ **After a while**, Mr. White came into the classroom.
しばらくして，ホワイト先生が教室に入ってきました。

906

as soon as ～

～するとすぐに

▶ It started to rain **as soon as** they arrived at the beach.
彼らが浜辺に着くとすぐに雨が降り始めました。

▷『5分間テストブック』を解いてみよう！ ➡ 別冊 p.62

60 よく出る熟語 その他の熟語④

■907

at once すぐに

▶ You must do your homework **at once**.
あなたはすぐに宿題をしなければなりません。

■908

in a minute すぐに

▶ I'll be back in the office **in a minute**.
私はすぐに事務所にもどります。

■909

at least 少なくとも

▶ We need **at least** 20,000 yen for dinner at this restaurant.
私たちはこのレストランでの夕食には少なくとも２万円が必要です。

■910

day and night 昼も夜も

▶ My sister studies hard **day and night** to pass the exam.
姉は試験に合格するために昼も夜も一生懸命に勉強しています。

■911

in those days その当時は

▶ This song was sung by many people **in those days**.
この歌はその当時は多くの人々に歌われました。

■912

on the first day 初日に

▶ **On the first day** of my trip to Nara, I visited some temples.
奈良への旅行の初日に，私はいくつかの寺を訪れました。

「最終日に」は **on the last day** と言うよ。

■913

instead of 〜 〜の代わりに

▶ I attended the meeting **instead of** her.
私は彼女の代わりに会議に出席しました。

914

It is ～ for ... to *do.*

…にとって―するのは～である。

▶ **It is** difficult **for** me **to speak** English well.
私にとってじょうずに英語を話すのは難しいです。

915

not only ～ but also ...

～だけでなく…も

▶ That shop sells **not only** food **but also** clothes.
あの店は食べ物だけでなく衣服も売っています。

916

not ～ but ...

～ではなく…

▶ The thing he has in his hand is **not** a photo **but** a postcard.
彼が手に持っているものは写真ではなく絵はがきです。

917

on the top of ～

～のてっぺんに，～の頂上に

▶ He is **on the top of** the building and working there.
彼は建物のてっぺんにいて，そこで作業しています。

918

on the other hand

一方では

▶ Kate isn't good at swimming. **On the other hand**, she can run fast.
ケイトは水泳が得意ではありません。一方では，彼女は速く走ることができます。

919

the number of ～

～の数

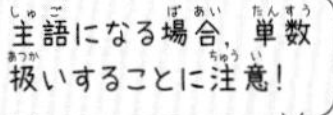

主語になる場合，単数扱いすることに注意！

▶ **The number of** books in the library is about 500,000.
その図書館の本の数は約 50 万冊です。

920

this is *one's* first time *doing*

～にとって…するのはこれが初めてだ

▶ **This is my first time swimming** with a dolphin.
私にとってイルカと泳ぐのはこれが初めてです。

『5分間テストブック』を解いてみよう！ ➡ 別冊 p.63

英検TIPS!

当日の持ち物

教室で英検を間近にひかえたケンとアカネが話しているよ。

持ち物チェックリストだよ。本番前日に確認して，✓を入れてね。

- □ 一次受験票兼本人確認票　必ず写真を貼っておこう!
- □ 身分証明書
- □ HBの黒えんぴつ，またはシャープペンシル　使い慣れているものが◎。予備も必ず持っていこう!
- □ 消しゴム　消しやすいもの，よく消えるものを選ぼう!
- □ うで時計　会場にあることが多いけれど，近くに置いておくと安心!
- □ うわばき　不要な会場もあるよ。確認しよう。

会話表現50

最後に会話表現を学習するよ!
リスニングや会話文の空所補充問題で頻出!
よく出る50の表現を確実に身につけよう!

会話表現①

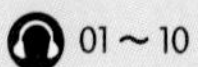

That sounds like fun.　　それは楽しそうですね。

A: Let's play catch in the park.
　公園でキャッチボールをしましょう。

B: **That sounds like fun.**
　それは楽しそうですね。

How about ～?　　～はどうですか。

A: I want to drink something.
　私は何かを飲みたいです。

B: Me, too. **How about** taking a rest**?**
　私もです。休憩するのはどうですか。

How about you?
「あなたはどうですか」もよく使うよ。

I hope ～.　　～だといいと思います。

A: I have a tennis match tomorrow.
　私は明日テニスの試合があります。

B: **I hope** you will win the match**.**
　あなたが試合に勝つといいと思います。

No problem.　　いいですよ。，どういたしまして。

A: I'm sorry, but I forgot the souvenir.
　ごめんなさい，私はおみやげを忘れました。

B: **No problem.** Bring it next time.
　いいですよ。次回持ってきて。

What happened?　　何があったのですか。

A: You look tired. **What happened?**
　あなたは疲れて見えます。何があったのですか。

B: I practiced soccer all day today.
　私は今日１日中サッカーを練習しました。

英検の筆記問題やリスニングでよく出る会話表現を紹介します。
対話からどんな場面かを考えながら，音声を聞こう。

06 Don't worry.

心配しないでください。

A: I'll play the piano at the concert. I'm nervous.
私はコンサートでピアノを弾きます。緊張しています。

B: **Don't worry.** I'm sure you can do well.
心配しないでください。きっとあなたはじょうずにできると思います。

07 That's too bad.

それはいけませんね。，それは残念ですね。

A: I have a headache.
私は頭痛がします。

B: **That's too bad.**
それはいけませんね。

08 I'm not sure.

わかりません。

A: Can you come to the festival this weekend?
あなたは今週末，お祭りに来ることができますか。

B: **I'm not sure.**
わかりません。

09 Why don't we ～?

（いっしょに）～しませんか。

A: **Why don't we** go to the movies next Sunday**?**
今度の日曜日，映画に行きませんか。

B: Sure.
もちろん。

Shall we ～? と同じ意味で，相手を誘う表現だよ。

10 Would you like to *do*?

～しませんか。

A: **Would you like to walk** in the park with me**?**
私といっしょに公園で歩きませんか。

B: OK.
いいですよ。

会話表現②

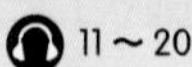

11 Thanks for *doing* ～.

～してくれてありがとう。

A: **Thanks for inviting** me to the party.
私をパーティーに招待してくれてありがとう。

B: You're welcome.
どういたしまして。

for のあとには名詞を置くこともできるよ。

12 Not at all.

まったくそんなことはありません。どういたしまして。

A: You don't look well. Are you sick?
あなたは元気そうに見えません。具合が悪いのですか。

B: **Not at all.** I'm fine.
まったくそんなことはありません。元気です。

13 It's my pleasure.

どういたしまして。

A: Thank you for your gift. I like it very much.
贈り物をありがとうございます。とても気に入っています。

B: **It's my pleasure.**
どういたしまして。

14 I'll be there.

そちらへ行きます。

A: Sam, come here and help me.
サム，こちらへ来て私を手伝って。

B: **I'll be there**, Dad.
そちらへ行きます，お父さん。

15 This is ～.

こちらは～です。

A: Hello. Is Jun there?
もしもし。純はいますか。

B: **This is** Jun.
こちらは純です。

英検の筆記問題やリスニングでよく出る会話表現を紹介します。
対話からどんな場面かを考えながら，音声を聞こう。

16 May I speak to ～?

～をお願いします。

A: **May I speak to** Mr. Kato**?**
加藤さんをお願いします。

B: Hold on, please.
そのままお待ちください。

電話をかけた人が話したい人を呼び出すときに使うよ。

17 Just a minute.

ちょっとお待ちください。

A: Do you have a red dress in this shop?
こちらのお店には赤いドレスがありますか。

B: **Just a minute.** I'll check.
ちょっとお待ちください。確認します。

18 Certainly.

かしこまりました。

A: Will you send the package to this address?
小包をこの住所に送ってもらえますか。

B: **Certainly.**
かしこまりました。

19 Why not?

どうして？，そうしよう。

A: I heard you can't come to the park with us tomorrow. **Why not?**
あなたは明日，私たちと公園へ行くことができないと聞きました。どうして？

B: I have to do my homework. Sorry.
宿題をしなければならないのです。ごめんなさい。

20 Here you are.

はい，どうぞ。

A: Please pass me the newspaper, Kevin.
新聞をとってください，ケビン。

B: Sure. **Here you are.**
もちろん。はい，どうぞ。

会話表現③

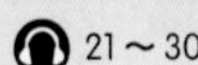

I hope so.

そうだといいな。，そう望みます。

A: I think Yuka will get well soon.
由香はすぐによくなると思います。

B: **I hope so.**
そうだといいですね。

Let me see.

ええと。

A: Are you free next week?
あなたは来週ひまですか。

B: **Let me see.** I'm free on Monday.
ええと。月曜日がひまです。

Not yet.

まだです。

A: Are you ready for school?
学校の準備はできていますか。

B: **Not yet.**
まだです。

Congratulations!

おめでとう！

A: I'm going to marry her next spring.
私は来春，彼女と結婚します。

B: **Congratulations!**
おめでとう！

Good luck.

幸運を祈ります。，がんばって。

A: I'm going to join the speech contest.
私はスピーチコンテストに参加する予定です。

B: **Good luck.**
幸運を祈ります。

good luck は「幸運」という意味だよ。

英検の筆記問題やリスニングでよく出る会話表現を紹介します。
対話からどんな場面かを考えながら，音声を聞こう。

■26 How do you like 〜?

〜はどうですか。，〜は気に入りましたか。

A: Jane, **how do you like** Japanese food**?**
ジェーン，日本食はどうですか。

B: It's healthy, so I like it very much.
健康的なので，とても気に入っています。

■27 I'd love to *do*.

ぜひ〜したいです。

A: Would you like to visit the zoo with us?
私たちと動物園を訪れませんか。

B: Sure. **I'd love to see** pandas there.
もちろん。そこでぜひパンダを見たいです。

■28 I'll think about it.

(それについて)考えておきます。

A: We'll have an event for students next Sunday. Can you come?
今度の日曜日に学生向けのイベントがあります。あなたは来ることができますか。

B: Well, **I'll think about it.**
ええと，考えておきます。

■29 I'm sure 〜.

きっと〜だと思います。

A: We are planning a birthday party for Aya.
私たちは亜矢のために誕生日パーティーを計画しています。

B: Really? **I'm sure** she will be glad.
本当ですか。きっと彼女は喜ぶと思います。

■30 Me, neither.

私も(〜ではありません)。

A: I don't like horror movies.
私はホラー映画が好きではありません。

B: **Me, neither.**
私も。

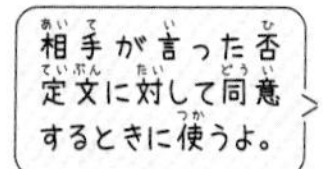

相手が言った否
定文に対して同意
するときに使うよ。

会話表現④

Not really.　　それほどでもないです。

A: Takuya, do you like tempura?
卓也，あなたはてんぷらが好きですか。

B: **Not really.**
それほどでもないです。

What's the problem?　　どうしたのですか。

A: **What's the problem?**
どうしたのですか。

B: My computer has broken.
私のコンピューターが壊れました。

Why don't you ～?　　～してはどうですか。，～しませんか。

A: **Why don't you** read this book**?**
この本を読んではどうですか。

B: It looks interesting. I'll read it.
おもしろそうですね。読みます。

相手にすすめる言い方だよ。**Why don't we ～?** と区別しておぼえよう。

Guess what?　　ねえねえ，聞いて。

A: **Guess what?** I'm going to have a pet.
ねえねえ，聞いて。私はペットを飼うつもりです。

B: Wow, that's good.
わあ，いいですね。

Help yourself.　　ご自由にどうぞ。

A: Can I eat something in the fridge?
冷蔵庫の中のものを食べていいですか。

B: OK. **Help yourself.**
いいですよ。ご自由にどうぞ。

英検の筆記問題やリスニングでよく出る会話表現を紹介します。
対話からどんな場面かを考えながら，音声を聞こう。

36 Here it is.

はい，どうぞ。

A: Do you know where my textbook is?
私の教科書がどこにあるか知っていますか。

B: It's on this desk. **Here it is.**
この机の上にあります。はい，どうぞ。

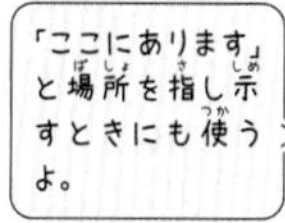

「ここにあります」と場所を指し示すときにも使うよ。

37 I'm afraid ～.

（残念ながら）～ではないかと思います。

A: Did Saki pass the exam?
早紀は試験に合格しましたか。

B: **I'm afraid** she didn't pass it.
合格しなかったのではないかと思います。

38 I see.

わかりました。，なるほど。

A: I have to get up at five tomorrow, so I'll go to bed early tonight.
私は明日 5 時に起きなければならないので，今晩は早く寝るつもりです。

B: Oh, **I see.**
おや，わかりました。

39 I'm afraid not.

残念ながら，できません。

A: Shall we go shopping next Sunday?
今度の日曜日に買い物に行きませんか。

B: **I'm afraid not.** I have another plan.
残念ながら，できません。ほかの予定があります。

40 I'll be right back.

すぐにもどります。

A: Where are you going, Ken? I need your help.
どこへ行くのですか，健。私はあなたの助けを必要としています。

B: **I'll be right back** after I visit Amy.
エイミーを訪ねてからすぐにもどります。

会話表現⑤

41 I'm coming.

今，行きます。

A: Mike, we are going to start the meeting.
マイク，会議を始めます。

B: **I'm coming.**
今，行きます。

42 I'm full.

おなかがいっぱいです。

A: Would you like more salad?
サラダをもっといかがですか。

B: No, thank you. **I'm full.**
いいえ，けっ こうです。おなかがいっぱいです。

43 May I help you?

いらっしゃいませ。何かお手伝いしましょうか。

A: **May I help you?**
いらっしゃいませ。

B: Yes, I'm looking for a blue pen.
はい，青いペンを探しています。

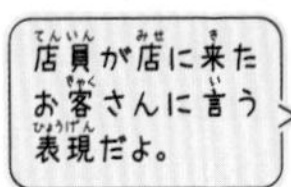

店員が店に来たお客さんに言う表現だよ。

44 Nice talking to you.

お話ができてよかったです。

A: **Nice talking to you.**
お話ができてよかったです。

B: You, too.
私もです。

45 Take care.

じゃあね。気をつけてね。

A: **Take care.**
じゃあね。

B: See you next week.
また来週。

英検の筆記問題やリスニングでよく出る会話表現を紹介します。
対話からどんな場面かを考えながら，音声を聞こう。

46 Same to you.

あなたもね。

A: Have a nice weekend.
よい週末を。

B: **Same to you.**
あなたもね。

47 That's very kind of you.

ご親切にどうもありがとう。

A: Do you want anything hot?
何か温かいものがほしいですか。

B: Yes, please. **That's very kind of you.**
はい，お願いします。ご親切にどうもありがとうございます。

Thank you. と同じく，相手にお礼を言うときに使うよ。

48 It's time to *do*.

～する時間です。

A: Kate, **it's time to go** to school.
ケイト，学校に行く時間です。

B: I'll leave soon, Mom.
すぐに出発します，お母さん。

49 What would you like for ～?

～には何がいいですか。

A: **What would you like for** dinner?
夕食には何がいいですか。

B: I'd like curry and rice.
カレーライスがいいです。

50 What's the matter?

どうしたのですか。

A: **What's the matter**, Rie?
どうしたのですか，理恵。

B: I injured my leg in P.E. class.
私は体育の授業で足をけがしました。

さくいん

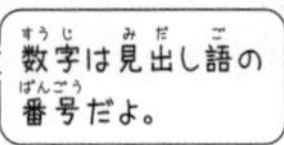

A

B

C

D

E

F

G

H

I

J

Q

R

S

T

U

V

W

Y

Z

さくいん

A

B

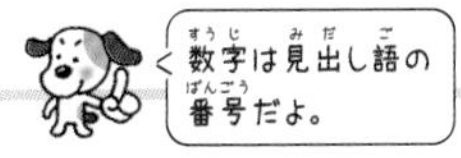

C

D

E

F

G

H

I

S

T

W

取り外して使用できます。

わかるにかえる！

5分間 テストブック 3級

すべての単語・熟語の確認問題があるよ！

単語帳で学習したあとに、赤シートを使って問題をとこう。

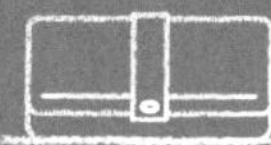

BUNRI

もくじ

CONTENTS

このテストブックは，
単語帳1単元2ページに対し，1ページで対応しています。

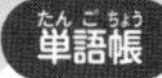
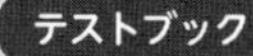

テストブックには，**単語帳に載っているすべての単語・熟語の問題**が掲載されています。赤シートを使って定着を確認し，**おぼえていなかった単語・熟語のチェックらん（□）に✓を入れましょう。単語帳にもどって見直しをすると，より効果的です。**

取り外して
スキマ時間にも
使ってね！

学習記録表

テストの結果を記録しよう!

- チェックの数が2つ以下の場合→「よくできた」にチェック
- チェックの数が3つ〜5つの場合→「できた」にチェック
- チェックの数が6つ以上の場合→「もう少し」にチェック

単元	よくできた	できた	もう少し
例	✓		
1			
2			
3			
4			
5			
6			
7			
8			
9			
10			
11			
12			
13			

単元	よくできた	できた	もう少し
14			
15			
16			
17			
18			
19			
20			
21			
22			
23			
24			
25			
26			
27			

「もう少し」にチェックが入った単元は
しっかり見直ししようね！

単元	よくできた	できた	もう少し
28			
29			
30			
31			
32			
33			
34			
35			
36			
37			
38			
39			
40			
41			
42			
43			
44			

単元	よくできた	できた	もう少し
45			
46			
47			
48			
49			
50			
51			
52			
53			
54			
55			
56			
57			
58			
59			
60			

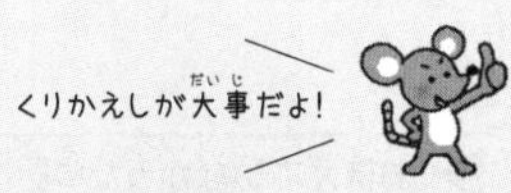

とてもよく出る単語

動詞①

1 次の単語の意味をおぼえているか確認しましょう。

□(1) look　～に見える　□(2) make　～を作る

□(3) watch　～を(注意して)見る　□(4) work　働く

□(5) go　行く　□(6) buy　～を買う

□(7) win　～に勝つ　□(8) sell　～を売る

ヒント
★行く　★～に見える　★～に勝つ　★～を作る
★働く　★～を(注意して)見る　★～を買う　★～を売る

2 日本語に合うように，(　　)内の適する単語を選びましょう。

□(1) (call / make) her Meg　彼女をメグと呼ぶ

□(2) (take / say) thank you　ありがとうと言う

□(3) (give / get) a ticket　チケットを手に入れる

□(4) (lose / find) my key　かぎをなくす

□(5) (give / tell) animals some food　動物に食べ物を与える

□(6) (watch / see) his parents　彼の両親に会う

□(7) (need / enjoy) a lot of water　たくさんの水を必要とする

□(8) (take / go) a notebook to her house

彼女の家にノートを持っていく

おぼえていなかった単語は**単語帳 12 ページ**にもどって，もういちど確認しよう。

2 とてもよく出る単語 動詞②

1 次の単語の意味をおぼえているか確認しましょう。

□(1) swim　泳ぐ　　□(2) plan　～を計画する

□(3) stay　滞在する　　□(4) begin　～を始める

□(5) enjoy　～を楽しむ　　□(6) speak　～を話す

□(7) reach　～に着く　　□(8) happen　起こる

★～に着く　★滞在する　★～を話す　★～を計画する
★～を始める　★～を楽しむ　★起こる　★泳ぐ

2 日本語に合うように，＿＿にあてはまる単語を答えましょう。

□(1) clean the desk　机をきれいにする

□(2) tell him the news　彼にその知らせを話す

□(3) stop at the station　駅で止まる

□(4) arrive at the airport　空港に到着する

□(5) finish my homework　宿題を終える

□(6) start a new job　新しい仕事を始める

□(7) leave my cap by the door　ドアのそばに帽子を置き忘れる

□(8) find his car　彼の車を見つける

★ find　★ arrive　★ finish　★ clean
★ tell　★ leave　★ stop　★ start

おぼえていなかった単語は**単語帳 14 ページ**にもどって，もういちど確認しよう。

3 とてもよく出る単語 動詞③

1 次の単語の意味をおぼえているか確認しましょう。

□(1) become ～になる
□(2) open ～を開ける
□(3) rain 雨が降る
□(4) try ～を試す
□(5) close ～を閉める
□(6) forget ～を忘れる
□(7) practice ～を練習する
□(8) hope ～を望む

★～を忘れる ★～を開ける ★～を望む ★～を試す
★雨が降る ★～を閉める ★～になる ★～を練習する

2 日本語に合うように，( )内の適する単語を選びましょう。

□(1) (send / (move)) to the next city 隣の市に引っ越す
□(2) (find / (remember)) the words その言葉を思い出す
□(3) ((snow) / fall) heavily 激しく雪が降る
□(4) (leave / (shut)) the door ドアを閉める
□(5) ((sound) / listen) interesting おもしろそうに聞こえる
□(6) ((bring) / put) my umbrella with me かさを持ってくる
□(7) (catch / (join)) the tennis team テニス部に加わる
□(8) ((show) / take) them a map 彼らに地図を見せる

▶ おぼえていなかった単語は**単語帳 16 ページ**にもどって，もういちど確認しよう。

とてもよく出る単語

動詞④

1 次の単語の意味をおぼえているか確認しましょう。

□(1) put	～を置く	□(2) decide	～を決める
□(3) travel	旅行する	□(4) borrow	～を借りる
□(5) invite	～を招待する	□(6) ride	～に乗る
□(7) lend	～を貸す	□(8) send	～を送る

ヒント

★～を招待する ★旅行する ★～を送る ★～を決める
★～を貸す ★～を置く ★～に乗る ★～を借りる

2 日本語に合うように，____にあてはまる単語を答えましょう。

□(1) ____miss____ the train 電車に乗り遅れる

□(2) ____hear____ a small sound 小さな音が聞こえる

□(3) ____drive____ my son to the station 駅まで息子を車で送る

□(4) ____break____ the window 窓を割る

□(5) ____worry____ about making mistakes 間違うことを心配する

□(6) ____build____ a house 家を建てる

□(7) ____catch____ fish 魚をつかまえる

□(8) ____learn____ how to play the guitar ギターの弾き方を習う

★build ★hear ★break ★learn
★drive ★catch ★miss ★worry

おぼえていなかった単語は**単語帳 18 ページ**にもどって，もういちど確認しよう。

5 とてもよく出る単語 動詞⑤

1 次の単語の意味をおぼえているか確認しましょう。

□(1) check ～を確認する　□(2) return ～を返す

□(3) grow ～を栽培する　□(4) sleep 眠る

□(5) order ～を注文する　□(6) fall 落ちる

□(7) draw (線)を引く　□(8) pay ～を支払う

ヒント
★落ちる　★～を栽培する　★～を確認する　★眠る
★～を返す　★～を支払う　★～を注文する　★(線)を引く

2 日本語に合うように，____にあてはまる単語を答えましょう。

□(1) paint a picture 絵を描く

□(2) save money お金を貯める

□(3) turn left at the next corner 次の角で左に曲がる

□(4) pass the exam 試験に合格する

□(5) cost 1,000 yen 1,000円がかかる

□(6) wear a kimono 着物を着ている

□(7) laugh at the story その話に笑う

□(8) hold an event イベントを開く

ヒント
★ turn　★ cost　★ laugh　★ paint
★ wear　★ save　★ hold　★ pass

おぼえていなかった単語は**単語帳 20 ページ**にもどって，もういちど確認しよう。

6 とてもよく出る単語 名詞①

1 次の単語の意味をおぼえているか確認しましょう。

□(1) team チーム　□(2) date 日付
□(3) weekend 週末　□(4) store 店
□(5) hour 1時間　□(6) festival 祭り
□(7) garden 庭　□(8) question 質問

ヒント
★店　★チーム　★祭り　★日付
★質問　★週末　★庭　★1時間

2 日本語に合うように，(　　)内の適する単語を選びましょう。

□(1) a (plane / (trip)) to Canada　カナダへの旅行
□(2) once a (week / (month))　月に1度
□(3) one ((minute) / hour) later　1分後
□(4) win a (match / (race))　レースに勝つ
□(5) a Japanese (building / (restaurant))　日本料理店
□(6) have a (speech / (meeting))　会議がある
□(7) Italian ((food) / culture)　イタリア料理
□(8) get a (point / (goal))　ゴールを決める

おぼえていなかった単語は**単語帳 22 ページ**にもどって，もういちど確認しよう。

7 とてもよく出る単語
名詞②

1 次の単語の意味をおぼえているか確認しましょう。

□(1) movie　映画　□(2) place　場所

□(3) wife　妻　□(4) ice　氷

□(5) child　子ども　□(6) job　仕事

□(7) station　駅　□(8) husband　夫

ヒント ★妻　★駅　★子ども　★映画　★仕事　★場所　★夫　★氷

2 日本語に合うように，＿＿にあてはまる単語を答えましょう。

□(1) the ＿subject＿ of an e-mail　Eメールの件名

□(2) my ＿parents＿　私の両親

□(3) take a ＿train＿　電車に乗る

□(4) the second ＿floor＿　2階

□(5) a good ＿idea＿　よい考え

□(6) a ＿ticket＿ for the concert　コンサートのチケット

□(7) study ＿science＿　理科を勉強する

□(8) get some eggs at the ＿supermarket＿　スーパーマーケットで卵を買う

ヒント ★idea　★parents　★ticket　★train　★supermarket　★floor　★subject　★science

おぼえていなかった単語は**単語帳24ページ**にもどって，もういちど確認しよう。

8 とてもよく出る単語
名詞③

1 次の単語の意味をおぼえているか確認しましょう。

□(1) money	お金	□(2) sport	スポーツ
□(3) pool	プール	□(4) present	プレゼント
□(5) problem	問題	□(6) fun	楽しみ
□(7) dollar	ドル	□(8) kind	種類

ヒント
★スポーツ　★楽しみ　★プレゼント　★ドル
★種類　★お金　★問題　★プール

2 日本語に合うように，(　　)内の適する単語を選びましょう。

□(1) one (hundred / (million)) dollars　100万ドル

□(2) a shopping ((center) / market) ショッピングセンター

□(3) ride a (bus / (bike)) 自転車に乗る

□(4) a piano (subject / (lesson)) ピアノのレッスン

□(5) a ((part) / place) of the body　体の部分

□(6) the summer (week / (vacation)) 夏休み

□(7) play on the ((beach) / lake) 浜辺で遊ぶ

□(8) one (thousand / (billion)) dollars　10億ドル

おぼえていなかった単語は**単語帳 26 ページ**にもどって，もういちど確認しよう。

9 とてもよく出る単語

名詞④

1 次の単語の意味をおぼえているか確認しましょう。

□(1) horse	馬	□(2) stadium	競技場
□(3) university	大学	□(4) Internet	インターネット
□(5) zoo	動物園	□(6) hotel	ホテル
□(7) report	レポート	□(8) history	歴史

ヒント
★ホテル　★競技場　★レポート　★インターネット
★大学　★歴史　★馬　★動物園

2 日本語に合うように，（　）内の適する単語を選びましょう。

□(1) the (art / picture) club 美術部

□(2) a soccer (cousin / coach) サッカーのコーチ

□(3) my (daughter / son) 私の娘

□(4) visit the (museum / library) 博物館を訪れる

□(5) catch a (wind / cold) かぜをひく

□(6) work in the (office / room) 事務所で働く

□(7) visit my (grandfather / grandmother) 祖父を訪ねる

□(8) Here is your coffee, (kid / sir).

コーヒーをお持ちしました，お客様。

おぼえていなかった単語は**単語帳 28 ページ**にもどって，もういちど確認しよう。

とてもよく出る単語

10 名詞⑤

1 次の単語の意味をおぼえているか確認しましょう。

□(1) farm 農場　□(2) clothes 衣服

□(3) bank 銀行　□(4) rose バラ

□(5) street 通り　□(6) sandwich サンドイッチ

□(7) bookstore 書店　□(8) vegetable 野菜

ヒント

★バラ　★通り　★衣服　★サンドイッチ
★農場　★書店　★野菜　★銀行

2 日本語に合うように，＿＿にあてはまる単語を答えましょう。

□(1) have lunch at a cafeteria　カフェテリアで昼食をとる

□(2) a member of the baseball team　野球部の一員

□(3) a theater in New York　ニューヨークの劇場

□(4) bad weather　悪天候

□(5) an apple pie　アップルパイ

□(6) take out pizza　ピザを持ち帰る

□(7) an egg dish　卵料理

□(8) learn a new thing　新しいことを学ぶ

★ pizza　★ cafeteria　★ pie　★ theater
★ thing　★ weather　★ member　★ dish

おぼえていなかった単語は単語帳 30 ページにもどって，もういちど確認しよう。

11 とてもよく出る単語
名詞⑥

1 次の単語の意味をおぼえているか確認しましょう。

□(1) son　息子
□(2) color　色
□(3) England　イングランド
□(4) cousin　いとこ
□(5) company　会社
□(6) website　ウェブサイト
□(7) event　イベント
□(8) grandmother　祖母

ヒント
★いとこ　★色　★イベント　★ウェブサイト
★祖母　★イングランド　★会社　★息子

2 日本語に合うように，（　）内の適する単語を選びましょう。

□(1) exercise in a (stadium / gym) 体育館で運動する
□(2) meet my (parents / grandparents) 祖父母と会う
□(3) read a (newspaper / magazine) 新聞を読む
□(4) a (town / country) in Africa アフリカの国
□(5) on the (road / way) home 帰り道で
□(6) go into a (classroom / school) 教室に入る
□(7) take a (tour / vacation) 旅行する
□(8) the house built by my (aunt / uncle) おじによって建てられた家

おぼえていなかった単語は**単語帳 32 ページ**にもどって，もういちど確認しよう。

12 とてもよく出る単語 名詞⑦

国名や言語名も
しっかりおぼえよう!

1 次の単語の意味をおぼえているか確認しましょう。

□(1) end　終わり　　□(2) France　フランス

□(3) bear　クマ　　□(4) rocket　ロケット

□(5) Thailand　タイ　　□(6) concert　コンサート

□(7) animal　動物　　□(8) information　情報

ヒント　★タイ　★クマ　★コンサート　★情報　★フランス　★動物　★終わり　★ロケット

2 日本語に合うように，＿＿にあてはまる単語を答えましょう。

□(1) use a ＿computer＿　コンピューターを使う

□(2) an expensive ＿painting＿　高価な絵

□(3) give a ＿prize＿　賞を与える

□(4) learn ＿French＿　フランス語を学ぶ

□(5) welcome a ＿visitor＿　訪問者を歓迎する

□(6) a parking ＿area＿　駐車区域

□(7) give a ＿speech＿　演説をする

□(8) a rock ＿band＿　ロックバンド

ヒント
★ band　★ painting　★ visitor　★ prize
★ computer　★ area　★ French　★ speech

▷ おぼえていなかった単語は**単語帳 34 ページ**にもどって，もういちど確認しよう。

13 とてもよく出る単語 名詞⑧

1 次の単語の意味をおぼえているか確認しましょう。

□(1) dress　ドレス　　□(2) war　戦争

□(3) writer　作家　　□(4) key　かぎ

□(5) college　大学　　□(6) mountain　山

□(7) aquarium　水族館　　□(8) dictionary　辞書

★水族館　★作家　★大学　★辞書

★山　★ドレス　★かぎ　★戦争

2 日本語に合うように，____にあてはまる単語を答えましょう。

□(1) enjoy the holiday　休日を楽しむ

□(2) a winter sale　冬のセール

□(3) read a letter　手紙を読む

□(4) a city hall　市役所

□(5) start a business　商売を始める

□(6) have a snack　おやつを食べる

□(7) a lower price　より安い値段

□(8) a shooting star　流れ星

★ letter　★ price　★ sale　★ business

★ snack　★ hall　★ star　★ holiday

おぼえていなかった単語は**単語帳 36 ページ**にもどって，もういちど確認しよう。

14 とてもよく出る単語 名詞⑨

1 次の単語の意味をおぼえているか確認しましょう。

□(1) nurse	看護師	□(2) magazine	雑誌
□(3) paper	紙	□(4) mystery	推理小説
□(5) fruit	果物	□(6) actor	俳優
□(7) tournament	選手権大会	□(8) chocolate	チョコレート

ヒント
★選手権大会 ★チョコレート ★果物 ★雑誌
★推理小説 ★看護師 ★紙 ★俳優

2 日本語に合うように，(　　)内の適する単語を選びましょう。

□(1) live in a small (town / village) 小さな町に住む
□(2) eat an egg for (lunch / breakfast) 朝食に卵を食べる
□(3) a math (textbook / notebook) 数学の教科書
□(4) a fur (court / coat) 毛皮のコート
□(5) a (phone / call) number 電話番号
□(6) see a (nurse / doctor) 医者に診てもらう
□(7) (pumpkin / onion) soup カボチャスープ
□(8) drink coffee at a (café / shop) 喫茶店でコーヒーを飲む

▷おぼえていなかった単語は**単語帳 38 ページ**にもどって，もういちど確認しよう。

15 とてもよく出る単語 名詞⑩

1 次の単語の意味をおぼえているか確認しましょう。

□(1) classmate 同級生　□(2) kitchen 台所

□(3) contest コンテスト　□(4) schedule 予定

□(5) wedding 結婚式　□(6) future 将来

□(7) road 道　□(8) parade パレード

ヒント
★パレード ★同級生 ★予定 ★将来
★結婚式 ★道 ★台所 ★コンテスト

2 日本語に合うように，(　)内の適する単語を選びましょう。

□(1) a long (way / (line)) 長い列

□(2) choose a ((gift) / prize) 贈り物を選ぶ

□(3) the international ((airport) / airplane) 国際空港

□(4) a (club / (group)) of tourists 旅行者の集団

□(5) ((Dear) / Daughter) Jane, 親愛なるジェーンさま，

□(6) go to the park by (unicycle / (bicycle)) 自転車で公園へ行く

□(7) get an excellent ((grade) / class) すばらしい成績をとる

□(8) the ((season) / month) of cherry blossoms 桜の花の季節

おぼえていなかった単語は**単語帳 40 ページ**にもどって，もういちど確認しよう。

16 とてもよく出る単語
名詞⑪

1 次の単語の意味をおぼえているか確認しましょう。

□(1) customer （店の）客　　□(2) toy おもちゃ

□(3) photo 写真　　□(4) fish 魚

□(5) owner 所有者　　□(6) sweater セーター

□(7) aunt おば　　□(8) queen 女王

ヒント
★写真　★おもちゃ　★（店の）客　★所有者
★おば　★魚　★セーター　★女王

2 日本語に合うように，____にあてはまる単語を答えましょう。

□(1) a difficult life 困難な生活

□(2) have a stomachache 腹痛がする

□(3) order a salad サラダを注文する

□(4) get an e-mail Eメールをもらう

□(5) the president of the U.S.A. アメリカ合衆国の大統領

□(6) have a cookie with tea 紅茶と一緒にクッキーを食べる

□(7) wash my hair in the bathroom 浴室で髪の毛を洗う

□(8) ask the staff スタッフにたずねる

★ salad　★ president　★ bathroom　★ life
★ staff　★ e-mail　★ stomachache　★ cookie

おぼえていなかった単語は**単語帳 42 ページ**にもどって，もういちど確認しよう。

17 とてもよく出る単語 名詞⑫

1 次の単語の意味をおぼえているか確認しましょう。

□(1) accident 事故　□(2) symbol 象徴

□(3) church 教会　□(4) language 言語

□(5) Europe ヨーロッパ　□(6) interview 面接

□(7) score 点数　□(8) bakery パン屋

★象徴　★点数　★面接　★教会
★パン屋　★言語　★事故　★ヨーロッパ

2 日本語に合うように，＿＿にあてはまる単語を答えましょう。

□(1) space travel 宇宙旅行

□(2) watch a video ビデオを見る

□(3) a traffic rule 交通ルール

□(4) a copy of the picture 写真のコピー

□(5) beef stew ビーフシチュー

□(6) cut a cake in half ケーキを半分に切る

□(7) wait for a train on the platform プラットホームで電車を待つ

□(8) play a tennis match on the court

コートでテニスの試合をする

★ copy　★ video　★ stew　★ court
★ space　★ half　★ platform　★ rule

おぼえていなかった単語は**単語帳 44 ページ**にもどって，もういちど確認しよう。

18 とてもよく出る単語 名詞⑬

とてもよく出る
名詞はここまでだよ。

1 次の単語の意味をおぼえているか確認しましょう。

□(1) nature 自然　□(2) plane 飛行機
□(3) Italy イタリア　□(4) China 中国
□(5) machine 機械　□(6) picnic ピクニック
□(7) volunteer ボランティア　□(8) mirror 鏡

★機械　★自然　★ボランティア　★中国
★イタリア　★ピクニック　★飛行機　★鏡

2 日本語に合うように，(　　)内の適する単語を選びましょう。

□(1) perform a (music / (musical)) ミュージカルを上演する
□(2) a (photo / (poster)) on the wall 壁のポスター
□(3) a (monkey / (tiger)) in the zoo 動物園のトラ
□(4) call the ((police) / hospital) 警察に電話する
□(5) recycle the ((bottle) / trash) びんをリサイクルする
□(6) speak (China / (Chinese)) 中国語を話す
□(7) go fishing in the (river / (lake)) 湖につりに行く
□(8) the ((captain) / coach) of the baseball team 野球チームの主将

おぼえていなかった単語は**単語帳 46 ページ**にもどって，もういちど確認しよう。

19 とてもよく出る単語
形容詞①

1 次の単語の意味をおぼえているか確認しましょう。

□(1) famous 有名な　□(2) next 次の
□(3) some いくつかの　□(4) other ほかの
□(5) all すべての　□(6) sure 確信して
□(7) late 遅れて　□(8) popular 人気のある

★確信して　★ほかの　★有名な　★遅れて
★いくつかの　★人気のある　★すべての　★次の

2 日本語に合うように，____にあてはまる単語を答えましょう。

□(1) the best player 最もじょうずな選手
□(2) win first prize 1位を勝ち取る
□(3) a great king 偉大な王
□(4) last Sunday この前の日曜日
□(5) every day 毎日
□(6) my favorite chair 私のお気に入りのいす
□(7) a little money 少しのお金
□(8) Do you have any plans for next week?
あなたは来週いくつかの予定がありますか。

★last　★first　★little　★every
★great　★favorite　★best　★any

おぼえていなかった単語は**単語帳48ページ**にもどって，もういちど確認しよう。

20 とてもよく出る単語 形容詞②

1 次の単語の意味をおぼえているか確認しましょう。

□(1) beautiful 美しい　□(2) special 特別な

□(3) excited わくわくして　□(4) busy 忙しい

□(5) difficult 難しい　□(6) expensive 高価な

□(7) ready 用意ができて　□(8) hungry 空腹の

ヒント
★忙しい ★高価な ★特別な ★用意ができて
★美しい ★わくわくして ★空腹の ★難しい

2 日本語に合うように，(　　)内の適する単語を選びましょう。

□(1) in my (free / busy) time ひまな時間に

□(2) an (interested / interesting) book 興味深い本

□(3) (different / difficult) colors さまざまな色

□(4) a (tired / sad) story 悲しい物語

□(5) Don't use (much / many) paper. たくさんの紙は使わないで。

□(6) the (right / left) answer 正しい答え

□(7) a (favorite / delicious) hamburger とてもおいしいハンバーガー

□(8) (most / more) homework than yesterday

昨日よりももっと多くの宿題

おぼえていなかった単語は**単語帳 50 ページ**にもどって，もういちど確認しよう。

21 とてもよく出る単語 形容詞③

1 次の単語の意味をおぼえているか確認しましょう。

□(1) glad うれしい　　□(2) own 自分自身の

□(3) such そのような　　□(4) same 同じ

□(5) central 中心の　　□(6) dark 暗い

□(7) angry 怒って　　□(8) professional プロの

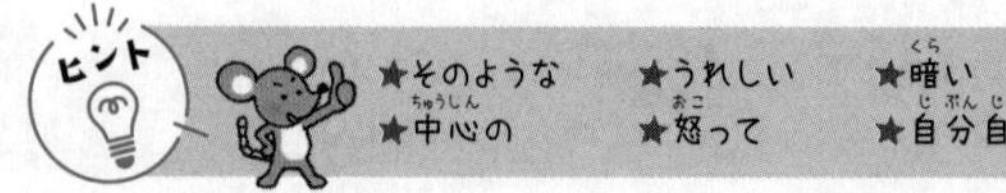

★そのような　★うれしい　★暗い　★プロの
★中心の　★怒って　★自分自身の　★同じ

2 日本語に合うように，（　）内の適する単語を選びましょう。

□(1) （ **enough** / heavy ） food 十分な食べ物

□(2) a （ **cute** / beautiful ） puppy かわいい子イヌ

□(3) （ sad / **sick** ） people 病気の人々

□(4) the （ **wrong** / other ） way 間違った道

□(5) the （ special / **main** ） reason 主な理由

□(6) a （ free / **happy** ） time 幸せな時間

□(7) （ **another** / every ） person 別の人

□(8) look （ **tired** / angry ） 疲れているように見える

おぼえていなかった単語は**単語帳 52 ページ**にもどって，もういちど確認しよう。

22 とてもよく出る単語 形容詞④

1 次の単語の意味をおぼえているか確認しましょう。

□(1) important　重要な　□(2) cloudy　くもった

□(3) Italian　イタリアの　□(4) nervous　緊張して

□(5) cheap　安い　□(6) sunny　晴れた

□(7) Spanish　スペインの　□(8) afraid　怖がって

ヒント
★イタリアの　★怖がって　★重要な　★安い
★スペインの　★晴れた　★緊張して　★くもった

2 日本語に合うように，＿＿にあてはまる単語を答えましょう。

□(1) ＿dirty＿ shoes　汚れたくつ

□(2) a ＿heavy＿ box　重い箱

□(3) a ＿few＿ opinions　少しの意見

□(4) a ＿strong＿ house　じょうぶな家

□(5) a ＿national＿ holiday　国民の祝日

□(6) an ＿easy＿ question　簡単な質問

□(7) ＿fine＿ weather　晴れた天気

□(8) a ＿silent＿ night　静かな夜

ヒント
★ national　★ heavy　★ silent　★ few
★ dirty　★ fine　★ strong　★ easy

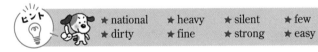

おぼえていなかった単語は**単語帳 54 ページ**にもどって，もういちど確認しよう。

23 とてもよく出る単語
副詞①

1 次の単語の意味をおぼえているか確認しましょう。

□(1) often よく　□(2) now 今

□(3) still まだ　□(4) usually たいてい

□(5) so そんなに　□(6) tonight 今夜は

□(7) only ただ～だけ　□(8) really 本当に

★たいてい　★本当に　★今　★今夜は
★よく　★そんなに　★ただ～だけ　★まだ

2 日本語に合うように，___にあてはまる単語を答えましょう。

□(1) meet her again また彼女と会う

□(2) leave soon まもなく出発する

□(3) just arrived at the station たった今，駅に着いた

□(4) too far away 遠すぎる

□(5) two days ago 2日前に

□(6) a very small insect 非常に小さい虫

□(7) push up 押し上げる

□(8) have already finished my homework すでに宿題を終えた

★just　★again　★up　★ago
★very　★too　★already　★soon

おぼえていなかった単語は**単語帳 56 ページ**にもどって，もういちど確認しよう。

とてもよく出る単語

副詞②・前置詞

1 次の単語の意味をおぼえているか確認しましょう。

□(1) well じょうずに　□(2) part-time パートタイムで

□(3) twice 2度　□(4) also ～も(また)

□(5) since ～以来　□(6) during ～の間ずっと

□(7) hard 熱心に　□(8) fast 速く

★～以来　★じょうずに　★熱心に　★パートタイムで
★2度　★速く　★～も(また)　★～の間ずっと

2 日本語に合うように，(　　)内の適する単語を選びましょう。

□(1) (over / on) the mountain 山を越えて

□(2) sit down (there / here) ここに座る

□(3) (until / by) 10 o'clock 10時まで

□(4) (first / once) a week 1週間に1度

□(5) go to school (on / by) bus バスで学校へ行く

□(6) go (fast / far) from home 家から遠くに行く

□(7) stay (inside / outside) on a cold day 寒い日に屋内にいる

□(8) buy oranges for 1 dollar (only / each)

1個につき1ドルでオレンジを買う

おぼえていなかった単語は**単語帳58ページ**にもどって，もういちど確認しよう。

25 とてもよく出る単語
接続詞・代名詞

1 次の単語の意味をおぼえているか確認しましょう。

□(1) when　~するときに　　□(2) someone　だれか
□(3) but　~だが　　□(4) because　(なぜなら)~なので
□(5) if　もし~ならば　　□(6) one　1つ
□(7) myself　私自身(を[に])　　□(8) everything　あらゆること[もの]

★(なぜなら)~なので　★~するときに　★もし~ならば　★だれか
★あらゆること[もの]　★~だが　★私自身(を[に])　★1つ

2 日本語に合うように，(　　)内の適する単語を選びましょう。

□(1) one (**or** / and) two days　1日または2日
□(2) (nothing / **something**) cold　何か冷たいもの
□(3) younger (as / **than**) my father　私の父よりも若い
□(4) share with (**everyone** / someone)　みんなと共有する
□(5) (**most** / all) of the students　生徒たちの大部分
□(6) write about (himself / **herself**)　彼女自身について書く
□(7) Do you want (nothing / **anything**)?　あなたは何かほしいですか。
□(8) Does (**anyone** / everyone) have a pen?

だれかペンを持っていますか。

おぼえていなかった単語は**単語帳60ページ**にもどって，もういちど確認しよう。

26 よく出る単語 動詞①

1 次の単語の意味をおぼえているか確認しましょう。

□(1) plant	～を植える	□(2) choose	～を選ぶ
□(3) climb	～に登る	□(4) cut	～を切る
□(5) guess	～を推測する	□(6) celebrate	～を祝う
□(7) collect	～を集める	□(8) steal	～を盗む

★～を盗む　★～を切る　★～を集める　★～に登る
★～を選ぶ　★～を推測する　★～を植える　★～を祝う

2 日本語に合うように，＿＿にあてはまる単語を答えましょう。

□(1) understand the meaning　意味を理解する

□(2) carry a box　箱を運ぶ

□(3) die of cancer　がんで死ぬ

□(4) keep some old pictures　古い写真をとっておく

□(5) change my mind　考えを変える

□(6) contact my teacher　先生に連絡をとる

□(7) receive a letter　手紙を受け取る

□(8) spend the vacation in Australia　オーストラリアで休暇を過ごす

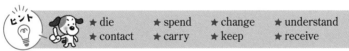

★ die　★ spend　★ change　★ understand
★ contact　★ carry　★ keep　★ receive

おぼえていなかった単語は**単語帳 64 ページ**にもどって，もういちど確認しよう。

27 よく出る単語 動詞②

1 次の単語の意味をおぼえているか確認しましょう。

□(1) relax　くつろぐ　　□(2) injure　～を傷つける

□(3) perform　～を演奏する　　□(4) enter　～に入る

□(5) camp　キャンプする　　□(6) hurry　急ぐ

□(7) mean　～を意味する　　□(8) believe　～を信じる

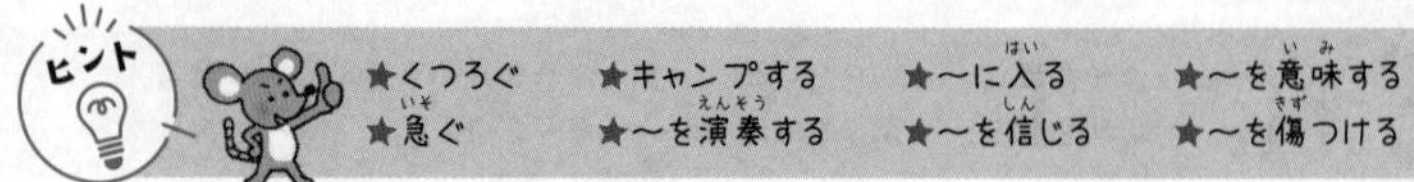

ヒント
★くつろぐ
★キャンプする
★～に入る
★～を意味する
★急ぐ
★～を演奏する
★～を信じる
★～を傷つける

2 日本語に合うように，(　)内の適する単語を選びましょう。

□(1) (draw / **design**) a building　建物を設計する

□(2) (**feel** / have) hungry　空腹を感じる

□(3) (**hit** / put) my arm on the wall　壁に腕をぶつける

□(4) (cook / **bake**) some cookies　クッキーを焼く

□(5) (**hurt** / steal) his feelings　彼の気持ちを傷つける

□(6) (**taste** / look) bitter　苦い味がする

□(7) (run / **hike**) on a mountain　山でハイキングをする

□(8) (take / **cover**) my face with my hands　手で顔をおおう

▶ おぼえていなかった単語は単語帳 66 ページにもどって，もういちど確認しよう。

28 よく出る単語 動詞③

1 次の単語の意味をおぼえているか確認しましょう。

□(1) exchange	～を交換する	□(2) explain	～を説明する
□(3) notice	～に気がつく	□(4) fix	～を修理する
□(5) kill	～を殺す	□(6) throw	～を投げる
□(7) marry	～と結婚する	□(8) pull	～を引く

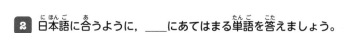

★～を投げる　★～に気がつく　★～を引く　★～を交換する
★～を修理する　★～と結婚する　★～を殺す　★～を説明する

2 日本語に合うように，____にあてはまる単語を答えましょう。

□(1) ___cross___ the street　道路を横断する

□(2) ___answer___ the phone　電話に出る

□(3) ___introduce___ my friend　友達を紹介する

□(4) ___smell___ good　よいにおいがする

□(5) ___follow___ our teacher　先生について行く

□(6) ___serve___ dessert after the meal　食後にデザートを出す

□(7) ___jog___ along the river　川沿いでジョギングをする

□(8) ___cry___ for help　助けを求めて叫ぶ

★ serve　★ cross　★ introduce　★ jog
★ smell　★ cry　★ follow　★ answer

▷ おぼえていなかった単語は**単語帳 68 ページ**にもどって，もういちど確認しよう。

29 よく出る単語
動詞④・名詞①

1 次の単語の意味をおぼえているか確認しましょう。

□(1) size 大きさ　□(2) noon 正午
□(3) wallet 財布　□(4) invent ～を発明する
□(5) health 健康　□(6) type 型
□(7) imagine ～を想像する　□(8) hospital 病院

ヒント
★～を発明する　★正午　★健康　★病院
★大きさ　★～を想像する　★財布　★型

2 日本語に合うように，____にあてはまる単語を答えましょう。

□(1) a crowd of students 学生たちの群衆
□(2) electric power 電力
□(3) burn wood まきを燃やす
□(4) the twenty-first century 21世紀
□(5) set up a sign 看板を出す
□(6) the reason for being late 遅刻の理由
□(7) a horror movie ホラー映画
□(8) do some shopping at the mall
ショッピングモールで買い物をする

★ burn　★ mall　★ power　★ reason
★ sign　★ crowd　★ horror　★ century

おぼえていなかった単語は**単語帳70ページ**にもどって，もういちど確認しよう。

30 よく出る単語 名詞②

1 次の単語の意味をおぼえているか確認しましょう。

□(1) dessert	デザート	□(2) adult	大人
□(3) culture	文化	□(4) recipe	レシピ
□(5) musician	音楽家	□(6) baby	赤ちゃん
□(7) doughnut	ドーナツ	□(8) environment	環境

ヒント
★大人 ★音楽家 ★環境 ★赤ちゃん
★レシピ ★ドーナツ ★デザート ★文化

2 日本語に合うように，（　）内の適する単語を選びましょう。

□(1) animals in the (field / forest) 森の中の動物

□(2) a cheerful (kid / king) 元気な子ども

□(3) a huge (rock / stone) 巨大な岩

□(4) go to the (doctor / dentist) 歯医者に行く

□(5) see a (story / comedy) in the theater 劇場で喜劇を見る

□(6) take a 2 p.m. (flight / airport) 午後２時の飛行機の便に乗る

□(7) train to be an (interpreter / astronaut)
宇宙飛行士になるために訓練を受ける

□(8) a man known as a (science / scientist)
科学者として知られる男性

おぼえていなかった単語は**単語帳 72 ページ**にもどって，もういちど確認しよう。

31 よく出る単語 名詞③

1 次の単語の意味をおぼえているか確認しましょう。

□(1) dream　夢
□(2) Mexico　メキシコ
□(3) fact　事実
□(4) hometown　故郷
□(5) elevator　エレベーター
□(6) experience　経験
□(7) meter　メートル
□(8) Hawaii　ハワイ

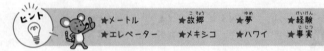

ヒント
★メートル　★故郷　★夢　★経験
★エレベーター　★メキシコ　★ハワイ　★事実

2 日本語に合うように，(　)内の適する単語を選びましょう。

□(1) a school (uniform / suit) 学校の制服
□(2) leave a (message / call) 伝言を残す
□(3) have a (cold / fever) 熱がある
□(4) one (kilogram / kilometer) of salt 1キログラムの塩
□(5) the (point / top) of the building 建物の上部
□(6) go (sightseeing / watching) 観光に行く
□(7) pour juice into a (grass / glass) コップにジュースを注ぐ
□(8) put some milk in the (kitchen / fridge) 冷蔵庫に牛乳を入れる

おぼえていなかった単語は**単語帳 74 ページ**にもどって，もういちど確認しよう。

32 よく出る単語 名詞④

1 次の単語の意味をおぼえているか確認しましょう。

□(1) stage 舞台　□(2) meat 肉

□(3) steak ステーキ　□(4) person 人

□(5) exam 試験　□(6) sugar 砂糖

□(7) firework 花火　□(8) project 計画

★試験　★ステーキ　★計画　★人
★舞台　★花火　★肉　★砂糖

2 日本語に合うように，＿＿にあてはまる単語を答えましょう。

□(1) banana chips バナナのうす切り

□(2) a house on the hill 丘の上の家

□(3) choose a snowboard スノーボードを選ぶ

□(4) radish salad ハツカダイコンのサラダ

□(5) bread and butter バター付きのパン

□(6) a winner in the contest コンテストの優勝者

□(7) a model of an airplane 飛行機の模型

□(8) play in a field 野原で遊ぶ

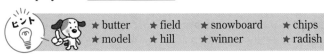

★ butter　★ field　★ snowboard　★ chips
★ model　★ hill　★ winner　★ radish

おぼえていなかった単語は**単語帳 76 ページ**にもどって，もういちど確認しよう。

33 よく出る単語 名詞⑤

1 次の単語の意味をおぼえているか確認しましょう。

□(1) hobby	趣味	□(2) boss	上司
□(3) worker	働く人	□(4) locker	ロッカー
□(5) tooth	歯	□(6) gate	門
□(7) farmer	農場経営者	□(8) package	小包

ヒント
★働く人 ★小包 ★ロッカー ★趣味
★農場経営者 ★歯 ★上司 ★門

2 日本語に合うように，＿＿にあてはまる単語を答えましょう。

□(1) a ＿statue＿ of a man　男性の像

□(2) a ＿fashion＿ designer　ファッションデザイナー

□(3) the right ＿side＿ of the street　通りの右側

□(4) become an ＿artist＿　芸術家になる

□(5) a driver's ＿license＿　運転免許証

□(6) the best ＿memory＿　いちばんの思い出

□(7) watch a ＿panda＿ in the zoo　動物園でパンダを見る

□(8) read a ＿passage＿ from the book　本の一節を読む

ヒント
★ panda ★ fashion ★ artist ★ memory
★ license ★ passage ★ statue ★ side

おぼえていなかった単語は**単語帳 78 ページ**にもどって，もういちど確認しよう。

34 よく出る単語 名詞⑥

1 次の単語の意味をおぼえているか確認しましょう。

□(1) camera カメラ
□(2) swimsuit 水着
□(3) middle 真ん中
□(4) basket かご
□(5) tourist 観光客
□(6) shape 形
□(7) belt ベルト
□(8) mushroom キノコ

ヒント
★真ん中 ★ベルト ★かご ★水着
★形 ★カメラ ★キノコ ★観光客

2 日本語に合うように，(　　)内の適する単語を選びましょう。

□(1) push the (button / bottom) 押しボタンを押す
□(2) the (city / capital) of Japan 日本の首都
□(3) swim in the (pond / lake) 池で泳ぐ
□(4) wear (glass / glasses) めがねをかけている
□(5) order a (sweater / suit) スーツを注文する
□(6) the sun above the (horizon / ground) 地平線の上の太陽
□(7) the (culture / tradition) of our school 私たちの学校の伝統
□(8) the (performance / performer) by the actor その俳優による演技

おぼえていなかった単語は**単語帳 80 ページ**にもどって，もういちど確認しよう。

35 よく出る単語 名詞⑦・形容詞①

1 次の単語の意味をおぼえているか確認しましょう。

□(1) shrine 神社　□(2) hole 穴

□(3) bright 明るい　□(4) actress 女優

□(5) medal メダル　□(6) body 体

□(7) waiter ウエイター　□(8) wonderful すばらしい

ヒント ★体 ★神社 ★ウエイター ★明るい ★穴 ★すばらしい ★女優 ★メダル

2 日本語に合うように，＿＿にあてはまる単語を答えましょう。

□(1) carry a suitcase スーツケースを運ぶ

□(2) poor countries 貧しい国々

□(3) a TV program テレビ番組

□(4) read a popular comic 人気のある漫画本を読む

□(5) take action 行動を起こす

□(6) a rich man 金持ちの男

□(7) open my mind 心を開く

□(8) a perfect answer 完ぺきな答え

★ suitcase ★ perfect ★ program ★ rich ★ mind ★ comic ★ poor ★ action

おぼえていなかった単語は**単語帳 82 ページ**にもどって，もういちど確認しよう。

36 よく出る単語 形容詞②

1 次の単語の意味をおぼえているか確認しましょう。

□(1) surprised 驚いた　□(2) crowded 混雑した

□(3) lucky 運のよい　□(4) usual いつもの

□(5) healthy 健康によい　□(6) funny おかしい

□(7) clever 利口な　□(8) wild 野生の

ヒント
★おかしい　★いつもの　★混雑した　★利口な
★驚いた　★野生の　★運のよい　★健康によい

2 日本語に合うように，(　　)内の適する単語を選びましょう。

□(1) a (boring / bored) story 退屈な話

□(2) a (little / loud) voice 大きい声

□(3) feel very (hungry / thirsty) とてものどが渇いた

□(4) a (small / short) novel 短い小説

□(5) her (true / main) feelings 彼女の本当の気持ち

□(6) a (dry / wet) towel ぬれたタオル

□(7) a (careful / careless) person 注意深い人

□(8) about ten meters (deep / high) 深さが約 10 メートルの

おぼえていなかった単語は**単語帳 84 ページ**にもどって，もういちど確認しよう。

37 よく出る単語 形容詞③

1 次の単語の意味をおぼえているか確認しましょう。

□(1) simple　質素な
□(2) fresh　新鮮な
□(3) rainy　雨降りの
□(4) enjoyable　楽しい
□(5) local　その土地の
□(6) final　最終の
□(7) narrow　狭い
□(8) international　国際的な

ヒント
★質素な ★楽しい ★狭い ★雨降りの
★最終の ★新鮮な ★その土地の ★国際的な

2 日本語に合うように，(　)内の適する単語を選びましょう。

□(1) (national / foreign) people 外国の人々
□(2) a (warm / cool) blanket 暖かい毛布
□(3) a (rainy / snowy) night 雪の降る夜
□(4) a (tight / little) T-shirt きついTシャツ
□(5) a (windy / cloudy) day 風の強い日
□(6) a (much / full) glass of water コップいっぱいの水
□(7) (light / clear) eyes 澄んだ目
□(8) an (excited / exciting) game わくわくさせる試合

おぼえていなかった単語は**単語帳86ページ**にもどって，もういちど確認しよう。

38

よく出る単語

形容詞④・副詞①

1 次の単語の意味をおぼえているか確認しましょう。

□(1) together いっしょに　□(2) sometimes ときどき
□(3) however しかしながら　□(4) even ～でさえ
□(5) almost もう少しで　□(6) maybe たぶん
□(7) later あとで　□(8) always いつも

★ときどき　★たぶん　★～でさえ　★あとで
★もう少しで　★いつも　★いっしょに　★しかしながら

2 日本語に合うように，＿＿にあてはまる単語を答えましょう。

□(1) early in the morning　朝早く
□(2) eat dinner outside　外で夕食を食べる
□(3) several documents　いくつかの書類
□(4) never forget the day　その日のことを決して忘れない
□(5) stay home instead　代わりに家でじっとしている
□(6) the whole country　全国
□(7) I don't have a car, either.　私もまた車を持っていません。
□(8) Have you finished your homework yet?
あなたはもう宿題を終えましたか。

★ whole　★ never　★ early　★ yet
★ outside　★ either　★ several　★ instead

おぼえていなかった単語は**単語帳 88 ページ**にもどって，もういちど確認しよう。

39 よく出る単語 副詞②

1 次の単語の意味をおぼえているか確認しましょう。

□(1) actually 実は　□(2) anyway とにかく

□(3) pretty とても　□(4) better よりじょうずに

□(5) sometime いつか　□(6) finally ついに

□(7) anytime いつでも　□(8) everywhere いたるところに

★とにかく　★よりじょうずに　★ついに　★実は
★いつか　★いたるところに　★とても　★いつでも

2 日本語に合うように，___にあてはまる単語を答えましょう。

□(1) live alone 1人で暮らす

□(2) clean the room quickly 部屋をすばやく掃除する

□(3) listen to our teacher carefully 先生の話を注意深く聞く

□(4) go abroad 海外に行く

□(5) will visit the city someday いつかその市を訪れるだろう

□(6) something else そのほかに何か

□(7) Have you ever seen a whale?
あなたは今までにクジラを見たことがありますか。

□(8) We didn't go anywhere today.
私たちは今日どこへも行きませんでした。

★ carefully　★ alone　★ ever　★ someday
★ else　★ anywhere　★ abroad　★ quickly

おぼえていなかった単語は**単語帳 90 ページ**にもどって，もういちど確認しよう。

40 よく出る単語 副詞③・前置詞・接続詞・助動詞

単語はここまで!
がんばったね!

1 次の単語の意味をおぼえているか確認しましょう。

□(1) must ～しなければならない　□(2) as ～として

□(3) luckily 幸運にも　□(4) behind ～の後ろに

□(5) will ～するだろう　□(6) before ～の前に

□(7) beside ～のそばに　□(8) should ～すべきだ

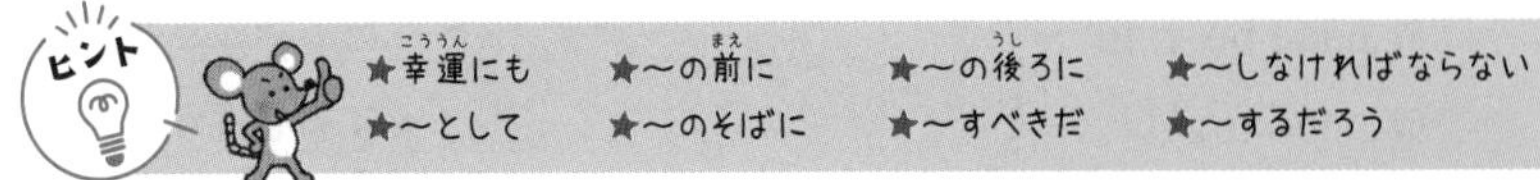

ヒント
★幸運にも ★～の前に ★～の後ろに ★～しなければならない
★～として ★～のそばに ★～すべきだ ★～するだろう

2 日本語に合うように，(　　)内の適する単語を選びましょう。

□(1) go out (with / **without**) a coat　コートなしで出かける

□(2) (**through** / into) a tunnel　トンネルを通り抜けて

□(3) walk (**around** / in) my house　家の周りを歩く

□(4) (during / **while**) I am sleeping　私が眠っている間に

□(5) (**across** / along) the river　川を渡って

□(6) look at the graph (**below** / above)　下にあるグラフを見る

□(7) (can / **could**) swim 100 meters　100 メートル泳ぐことができた

□(8) I can't wait for him (anytime / **anymore**).

私はこれ以上彼を待つことはできません。

おぼえていなかった単語は**単語帳 92 ページ**にもどって，もういちど確認しよう。

41 とてもよく出る熟語
動詞の働きをする熟語①

1 次の熟語の意味をおぼえているか確認しましょう。

□(1) take part in ～ ～に参加する

□(2) plan to *do* ～するつもりだ

□(3) stay home 家にいる

□(4) move to ～ ～に引っ越す

□(5) have been to ～ ～へ行ったことがある

□(6) need to *do* ～する必要がある

□(7) look for ～ ～を探す

□(8) be able to *do* ～することができる

★～に引っ越す　★～へ行ったことがある　★～を探す
★家にいる　★～する必要がある　★～に参加する
★～することができる　★～するつもりだ

2 □に単語をあてはめて熟語を完成させましょう。

□(1) I decided to be a doctor.
私は医者になろうと決心しました。

□(2) My teacher told me to read this book.
私の先生は私にこの本を読むように言いました。

□(3) Did Kate's father take her to the station?
ケイトのお父さんは彼女を駅に連れていきましたか。

□(4) We are looking forward to seeing you.
私たちはあなたに会うことを楽しみに待っています。

□(5) He is good at speaking French.
彼はフランス語を話すのが得意です。

□(6) They have to leave home soon.
彼らはすぐに家を出なければなりません。

おぼえていなかった熟語は**単語帳 96 ページ**にもどって，もういちど確認しよう。

42 とてもよく出る熟語
動詞の働きをする熟語②

1 次の熟語の意味をおぼえているか確認しましょう。

□(1) ask ～ to *do*	～に…するように頼む
□(2) grow up	大人になる
□(3) try to *do*	～しようとする
□(4) pay for ～	～の代金を払う
□(5) go and *do*	～しに行く
□(6) take care of ～	～の世話をする
□(7) get to ～	～に着く
□(8) travel to ～	～へ旅行する

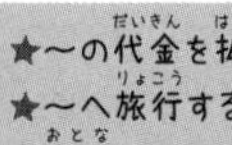

★～の代金を払う　★～の世話をする　★～に…するように頼む
★～へ旅行する　★～しようとする　★～に着く
★大人になる　★～しに行く

2 日本語に合うように，(　　)内の適する熟語を答えましょう。

□(1) Don't (forget calling / forget to call) him.
彼に電話するのを忘れないで。

□(2) I'm going to (go on a trip / go into a trip) to Okinawa.
私は沖縄に旅行に行く予定です。

□(3) I am (interesting in / interested in) space.
私は宇宙に興味があります。

□(4) They (took a trip / gave a trip) to Osaka last week.
彼らは先週，大阪へ旅行をしました。

□(5) Kevin was (late to / late for) school this morning.
ケビンは今朝，学校に遅刻しました。

□(6) We are (tired of watching / tired to watch) the movie.
私たちはその映画を見るのにあきています。

▷ おぼえていなかった熟語は**単語帳 98 ページ**にもどって，もういちど確認しよう。

43 とてもよく出る熟語
動詞の働きをする熟語③

1 次の熟語の意味をおぼえているか確認しましょう。

□(1) be different from ～ ～と異なる

□(2) get off ～ ～から降りる

□(3) do well on ～ ～でよい成績を出す

□(4) be full of ～ ～でいっぱいである

□(5) put on ～ ～を着る

□(6) write to ～ ～に手紙を書く

□(7) invite ～ to ... ～を…に招待する

□(8) find out ～ ～を見つけ出す

★～でいっぱいである ★～に手紙を書く ★～と異なる
★～を見つけ出す ★～でよい成績を出す ★～を着る
★～から降りる ★～を…に招待する

2 ▢に単語をあてはめて熟語を完成させましょう。

□(1) I want you to make lunch with me.
私はあなたに私と昼食を作ってほしいです。

□(2) The field is covered with grass.
野原は草でおおわれています。

□(3) He was afraid of the big dog.
彼はその大きなイヌを怖がりました。

□(4) Please write back to me by Friday.
金曜日までに私に返事を書いてください。

□(5) This stone looks like an egg.
この石は卵のように見えます。

□(6) Bill helped his sister with her homework.
ビルは彼の妹の宿題を手伝いました。

▷ おぼえていなかった熟語は**単語帳 100 ページ**にもどって，もういちど確認しよう。

44 とてもよく出る熟語 動詞の働きをする熟語④

1 次の熟語の意味をおぼえているか確認しましょう。

□(1) be back　戻る
□(2) have time to *do*　～する時間がある
□(3) ask ～ for ...　～に…を求める
□(4) think of ～　～を思いつく
□(5) be ready to *do*　～する用意ができている
□(6) get married　結婚する
□(7) be proud of ～　～を誇りに思う
□(8) wake up　目が覚める

★～する時間がある　★～を思いつく　★～を誇りに思う
★結婚する　★目が覚める　★～に…を求める
★戻る　★～する用意ができている

2 日本語に合うように，(　　)内の適する熟語を答えましょう。

□(1) We are (ready about / ready for) Amy's birthday party.
私たちはエイミーの誕生日パーティーの用意ができています。

□(2) Ms. Tanaka is (popular with / popular in) her students.
田中先生は彼女の生徒の間で人気があります。

□(3) I'll (leave at / leave for) France tomorrow.
私は明日，フランスへ向けて出発します。

□(4) We (took up / picked up) some trash in the room.
私たちはその部屋でごみを拾い上げました。

□(5) The comic book was (sold off / sold out).
その漫画本は売り切れました。

□(6) We are (worried about / worried of) her life in America.
私たちは彼女のアメリカでの生活のことを心配しています。

おぼえていなかった熟語は**単語帳 102 ページ**にもどって，もういちど確認しよう。

45 とてもよく出る熟語
動詞の働きをする熟語⑤

1 次の熟語の意味をおぼえているか確認しましょう。

□(1) hope to *do* ～することを望む

□(2) sound like ～ ～のように聞こえる

□(3) break *one's* promise 約束を破る

□(4) hurry up 急ぐ

□(5) help ～ *do* ～が…するのを手伝う

□(6) don't have to *do* ～する必要がない

□(7) graduate from ～ ～を卒業する

□(8) introduce ～ to ... ～を…に紹介する

★～のように聞こえる ★～する必要がない ★急ぐ
★～を卒業する ★～することを望む ★～を…に紹介する
★約束を破る ★～が…するのを手伝う

2 日本語に合うように，(　)内の適する熟語を答えましょう。

□(1) I (take a cold / have a cold).
私はかぜをひいています。

□(2) Ken (went a doctor / saw a doctor) because he hurt his leg.
健は足をけがしたので，医者に診てもらいました。

□(3) Sam was (in a hurry / with a hurry) when I saw him.
私がサムを見たとき，彼は急いでいました。

□(4) I don't know where the man (ran away / ran down).
私はその男性がどこへ逃げたか知りません。

□(5) I want to (hear about / listen about) your travel to Italy.
私はあなたのイタリア旅行について聞きたいです。

□(6) My brother usually (goes for work / goes to work) from Monday to Friday. 兄はふつう月曜日から金曜日まで仕事に行きます。

おぼえていなかった熟語は**単語帳104ページ**にもどって，もういちど確認しよう。

46 とてもよく出る熟語

動詞の働きをする熟語⑥

1 次の熟語の意味をおぼえているか確認しましょう。

□(1) turn off ～	～を消す
□(2) be glad to *do*	～してうれしい
□(3) take lessons	レッスンを受ける
□(4) have a headache	頭痛がする
□(5) be in the hospital	入院している
□(6) bring ～ to ...	～を…に持ってくる
□(7) stay up late	遅くまで起きている
□(8) take a walk	散歩する

★入院している　★遅くまで起きている　★～してうれしい
★～を消す　★～を…に持ってくる　★レッスンを受ける
★散歩する　★頭痛がする

2 □に単語をあてはめて熟語を完成させましょう。

□(1) Please take off your hat during the performance.
公演中は帽子を脱いでください。

□(2) I am happy to get a ticket for the concert.
私はそのコンサートのチケットを手に入れてうれしいです。

□(3) Yuka is absent from school today.
由香は今日，学校を欠席しています。

□(4) The baby is sleeping, so turn down the TV.
赤ちゃんが寝ているから，テレビの音量を下げなさい。

□(5) Saki usually stays with her aunt when she visits Hokkaido.
早紀は北海道を訪れるとき，たいてい彼女のおばの家に泊まります。

□(6) My mother was sick in bed yesterday.
母は昨日，病気で寝ていました。

おぼえていなかった熟語は**単語帳 106 ページ**にもどって，もういちど確認しよう。

とてもよく出る熟語

47 動詞の働きをする熟語⑦

1 次の熟語の意味をおぼえているか確認しましょう。

□(1) get a good grade on ～　～でよい成績をとる

□(2) put ～ in ...　～を…に入れる

□(3) hear of ～　～のことを聞く

□(4) call ～ back　～に電話をかけなおす

□(5) feel sick　気分が悪い

□(6) give ～ a ride　～を車で送る

□(7) be kind to ～　～に親切である

□(8) clean up ～　～を掃除する

★～に親切である　★～のことを聞く　★気分が悪い
★～でよい成績をとる　★～を車で送る　★～を掃除する
★～に電話をかけなおす　★～を…に入れる

2 日本語に合うように，(　　)内の適する熟語を答えましょう。

□(1) I want to (go abroad / go outside) someday.
私はいつか海外へ行きたいです。

□(2) My sister (sent from / heard from) her friend who lives in London.　妹はロンドンに住んでいる友達から連絡をもらいました。

□(3) The room is (filled with / filled by) students.
その部屋は学生でいっぱいです。

□(4) We (caught trains / changed trains) at Sapporo Station.
私たちは札幌駅で電車を乗り換えました。

□(5) A vase (fell down / fell off) the table in the earthquake.
地震で花びんがテーブルから落ちました。

□(6) Shall I (give you a hand / give you a help)?
あなたを手伝いましょうか。

▶ おぼえていなかった熟語は単語帳108ページにもどって，もういちど確認しよう。

48 とてもよく出る熟語 その他の熟語①

1 次の熟語の意味をおぼえているか確認しましょう。

□(1) far from ～　～から遠くに

□(2) where to *do*　どこへ～するべきか

□(3) for free　無料で

□(4) next to ～　～のとなりに

□(5) one of ～　～のうちの１つ

□(6) for the first time　初めて

□(7) in the world　世界で

□(8) once a week　週に１回

★初めて　★～のとなりに　★週に1回
★どこへ～するべきか　★世界で　★無料で
★～のうちの1つ　★～から遠くに

2 ＿に単語をあてはめて熟語を完成させましょう。

□(1) They can't go out because of the snow.
彼らは雪のために外出できません。

□(2) I'm too tired to walk anymore.
私はとても疲れているのでこれ以上歩けません。

□(3) There is a post office in front of the city hall.
市役所の前に郵便局があります。

□(4) The musician is known around the world.
その音楽家は世界中で知られています。

□(5) Please show me how to use this machine.
私にこの機械の使い方を教えてください。

□(6) He has moved far away.
彼は遠くに引っ越してしまいました。

おぼえていなかった熟語は**単語帳 110 ページ**にもどって，もういちど確認しよう。

49 とてもよく出る熟語
その他の熟語②

1 次の熟語の意味をおぼえているか確認しましょう。

□(1) for example　たとえば
□(2) near here　この近くに
□(3) on vacation　休暇で
□(4) at first　最初は
□(5) most of ～　～のほとんど
□(6) on foot　徒歩で
□(7) by *oneself*　1人で
□(8) a pair of ～　1組の～

★～のほとんど　★たとえば　★1人で
★この近くに　★1組の～　★最初は
★徒歩で　★休暇で

2 ▢に単語をあてはめて熟語を完成させましょう。

□(1) I like indoor sports, such as table tennis.
私はたとえば卓球のような屋内のスポーツが好きです。

□(2) English is spoken all over the world.
英語は世界中で話されています。

□(3) The plane is going to leave the airport on time.
その飛行機は時間通りに空港を出発する予定です。

□(4) There are a few children in the park.
公園に2，3人の子どもがいます。

□(5) She has a piece of paper in her hand.
彼女は手に1枚の紙を持っています。

□(6) Jane is between Emma and Lisa.
ジェーンはエマとリサの間にいます。

おぼえていなかった熟語は**単語帳 112 ページ**にもどって，もういちど確認しよう。

50 とてもよく出る熟語
その他の熟語③

1 次の熟語の意味をおぼえているか確認しましょう。

□(1) each other　　お互いに
□(2) thousands of ～　　何千もの～
□(3) on *one's* way home　　家に帰る途中で
□(4) at the end of ～　　～の終わりに
□(5) (a) part of ～　　～の一部
□(6) one day　　ある日
□(7) twice a week　　週に２回
□(8) in fact　　実は

ヒント
★家に帰る途中で　★週に2回　★～の一部
★お互いに　★ある日　★何千もの～
★実は　★～の終わりに

2 日本語に合うように，(　　)内の適する熟語を答えましょう。

□(1) I saw (a hundred of / hundreds of) people at the concert.
私はコンサートで何百人もの人々を見ました。

□(2) Do you need (nothing else / anything else)?
あなたはほかに何か必要ですか。

□(3) I used (a couple of / a pair of) eggs for making pancakes.
私はパンケーキを作るのに２，３個の卵を使いました。

□(4) Saki's father went to New York (on business / at business).
早紀の父親は仕事でニューヨークへ行きました。

□(5) I usually eat (a slice of / a plate of) bread for breakfast.
私はふだん朝食に１枚のパンを食べます。

□(6) My mother is very busy (those days / these days).
母は最近とても忙しいです。

おぼえていなかった熟語は**単語帳 114 ページ**にもどって，もういちど確認しよう。

51 よく出る熟語
動詞の働きをする熟語①

1 次の熟語の意味をおぼえているか確認しましょう。

□(1) make ～ of ... …で～を作る

□(2) say goodbye to ～ ～にさようならを言う

□(3) keep *doing* ～し続ける

□(4) work for ～ ～で働く

□(5) take a test 試験を受ける

□(6) look around ～ ～を見て回る

□(7) think about ～ ～について考える

□(8) say hello to ～ ～によろしくと言う

★～し続ける ★試験を受ける ★…で～を作る
★～を見て回る ★～にさようならを言う ★～について考える
★～で働く ★～によろしくと言う

2 日本語に合うように，（　）内の適する熟語を答えましょう。

□(1) Saki (made a speech / said a speech) in English.
早紀は英語でスピーチをしました。

□(2) Can I (try with / try on) this red sweater?
この赤いセーターを試着してもいいですか。

□(3) Let's (take a break / make a break) here.
ここでひと休みしよう。

□(4) Do you (agree for / agree with) our idea?
あなたは私たちの考えに同意しますか。

□(5) Kevin (looks for / looks after) his sister when his parents are busy. ケビンは両親が忙しいとき，妹の世話をします。

□(6) She (turned on / turned to) the water and washed her hands. 彼女は水を出して手を洗いました。

おぼえていなかった熟語は**単語帳 118 ページ**にもどって，もういちど確認しよう。

52 よく出る熟語
動詞の働きをする熟語②

1 次の熟語の意味をおぼえているか確認しましょう。

□(1) keep in touch with ～ ～と連絡を取り合う
□(2) be born 生まれる
□(3) exchange ～ for ... ～を…と交換する
□(4) laugh at ～ ～を聞いて笑う
□(5) be excited about ～ ～にわくわくする
□(6) lose *one's* way 道に迷う
□(7) fall down 倒れる
□(8) belong to ～ ～に所属している

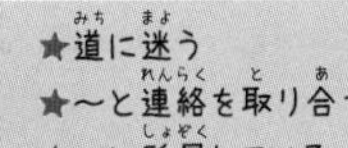

★道に迷う ★生まれる ★～を聞いて笑う
★～と連絡を取り合う ★～にわくわくする ★倒れる
★～に所属している ★～を…と交換する

2 ［ ］に単語をあてはめて熟語を完成させましょう。

□(1) We want to get on the bus at 8 o'clock.
私たちは8時にバスに乗りたいです。

□(2) Did you drive Rie to the stadium?
あなたは理恵を車でスタジアムへ送りましたか。

□(3) Can I leave a message for him?
彼に伝言を残してもいいですか。

□(4) I was surprised to get an e-mail from her.
私は彼女からEメールをもらって驚きました。

□(5) They have enough time to prepare for the meeting.
彼らは会議の準備をするのに十分な時間があります。

□(6) The man is known as a great scientist in the world.
その男性は世界ですばらしい科学者として知られています。

おぼえていなかった熟語は**単語帳 120 ページ**にもどって，もういちど確認しよう。

53 よく出る熟語
動詞の働きをする熟語③

1 次の熟語の意味をおぼえているか確認しましょう。

□(1) cheer up ～　～を元気づける
□(2) make a mistake　間違える
□(3) be famous for ～　～で有名である
□(4) save money　お金を貯める
□(5) do *one's* best　全力を尽くす
□(6) spend ～ on ...　～を…に使う
□(7) cut ～ into ...　～を…に切る
□(8) talk to *oneself*　ひとりごとを言う

ヒント
★お金を貯める　★～を元気づける　★～を…に切る
★間違える　★ひとりごとを言う　★全力を尽くす
★～を…に使う　★～で有名である

2 日本語に合うように，（　）内の適する熟語を答えましょう。

□(1) I hope her dream will (come true / get true).
私は彼女の夢が実現するといいと思います。

□(2) He has to (spend money / make money) for his family.
彼は家族のためにお金をかせがなければなりません。

□(3) You should not (give up / give away) your dream.
あなたは夢をあきらめるべきではありません。

□(4) Why did he (go angry / get angry) at that time?
なぜ彼はそのとき怒ったのですか。

□(5) Yuta (took a look at / put a look at) the picture.
雄太はその写真をひと目見ました。

□(6) Don't (throw out / throw away) plastic bottles into this trash box.　このごみ箱にペットボトルを捨ててはいけません。

おぼえていなかった熟語は**単語帳 122 ページ**にもどって，もういちど確認しよう。

54 よく出る熟語

動詞の働きをする熟語④

1 次の熟語の意味をおぼえているか確認しましょう。

□(1) receive a prize　賞をとる

□(2) go into ～　～に入る

□(3) would like to *do*　～したい

□(4) have a stomachache　腹痛がする

□(5) show ～ around ...　～に…を案内する

□(6) get in trouble　困ったことになる

□(7) be surprised at ～　～に驚く

□(8) have an interview with ～　～にインタビューをする

★～に入る　★～に驚く　★腹痛がする
★賞をとる　★～に…を案内する　★～にインタビューをする
★困ったことになる　★～したい

2 に単語をあてはめて熟語を完成させましょう。

□(1) I think Sam has a fever.
私はサムは熱があると思います。

□(2) She was scared of the dark.
彼女は暗闇を怖がりました。

□(3) When you visit our city, stop at the souvenir shop.
私たちの市を訪れたら，そのみやげ物店に立ち寄ってください。

□(4) I was tired from cleaning my room.
私は自分の部屋の掃除で疲れました。

□(5) She is sure to join our team.
彼女は必ず私たちのチームに参加します。

□(6) Why don't we go out to see a movie next Sunday?
今度の日曜日に映画を見に出かけるのはどうですか。

▷ おぼえていなかった熟語は**単語帳 124 ページ**にもどって，もういちど確認しよう。

55 よく出る熟語 動詞の働きをする熟語⑤

1 次の熟語の意味をおぼえているか確認しましょう。

□(1) get in ～ ～に乗りこむ

□(2) brush *one's* teeth 歯をみがく

□(3) go for a walk 散歩に行く

□(4) get ～ to *do* ～に…させる

□(5) change *one's* mind 気が変わる

□(6) had better *do* ～したほうがよい

□(7) get together 集まる

□(8) depend on ～ ～しだいである

★気が変わる ★集まる ★歯をみがく
★～したほうがよい ★～に…させる ★～しだいである
★～に乗りこむ ★散歩に行く

2 に単語をあてはめて熟語を完成させましょう。

□(1) I feel like eating Italian food today.
私は今日イタリア料理を食べたい気分です。

□(2) The plane will take off at 10 o'clock.
その飛行機は10時に離陸します。

□(3) He always cares about elderly people.
彼はいつもお年寄りを気づかっています。

□(4) You should get away from the area right now.
あなたは今すぐその区域から離れるべきです。

□(5) Kumi is sleeping now, so she will get better soon.
久美は今，眠っているので，すぐによくなるでしょう。

□(6) Your skirt is similar to Aya's.
あなたのスカートは亜矢のスカートと似ています。

おぼえていなかった熟語は**単語帳 126 ページ**にもどって，もういちど確認しよう。

56 よく出る熟語 動詞の働きをする熟語⑥

1 次の熟語の意味をおぼえているか確認しましょう。

□(1) have a chance to *do* ～する機会がある

□(2) work well 調子よく動く

□(3) have a fight けんかをする

□(4) make ～ into ... ～を…にする

□(5) turn left 左に曲がる

□(6) would love to *do* ぜひ～したい

□(7) have a good memory 記憶力がよい

□(8) raise *one's* hand 手をあげる

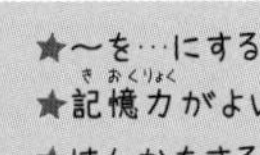

★～を…にする ★調子よく動く ★ぜひ～したい
★記憶力がよい ★左に曲がる ★～する機会がある
★けんかをする ★手をあげる

2 日本語に合うように，(　　)内の適する熟語を答えましょう。

□(1) Shall I (leave a message / take a message)?
伝言を預かりましょうか。

□(2) The event (took place / had place) in the rain.
そのイベントは雨の中行われました。

□(3) Did Ken (look well / watch well) when you saw him?
あなたが健に会ったとき，彼は元気そうに見えましたか。

□(4) We (make cheese of / make cheese from) the milk given by the cows. 私たちはチーズをその牛からとれる牛乳から作ります。

□(5) My parents (named me from / named me after) my grandfather. 両親は祖父にちなんで私に名前をつけました。

□(6) He (took up / turned up) the radio and listened to it carefully. 彼はラジオの音量を上げて注意深く聞きました。

おぼえていなかった熟語は**単語帳 128 ページ**にもどって，もういちど確認しよう。

57 よく出る熟語 その他の熟語①

1 次の熟語の意味をおぼえているか確認しましょう。

□(1) the same as ～ ～と同じ

□(2) for more information 詳しいことは

□(3) in time 間に合って

□(4) on sale 特売で

□(5) for a long time 長い間

□(6) first of all まず第一に

□(7) half an hour 30分

□(8) right away すぐに

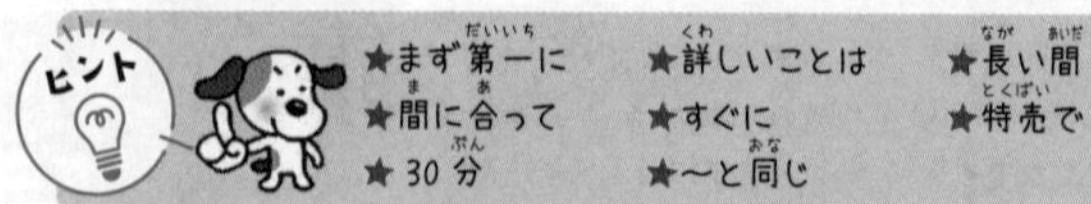

ヒント
★まず第一に ★詳しいことは ★長い間
★間に合って ★すぐに ★特売で
★30分 ★～と同じ

2 [　]に単語をあてはめて熟語を完成させましょう。

□(1) Kevin's dog is [as] large [as] mine.
ケビンのイヌは私のイヌと同じくらい大きいです。

□(2) They have been running [all the way] around the large park.
彼らは広い公園の周りをずっと走っています。

□(3) I walked my dog before breakfast [as usual].
私はいつものように朝食前にイヌを散歩させました。

□(4) A woman talked to me [at that time].
そのときある女性が私に話しかけました。

□(5) I worked hard [all day].
私は1日中，一生懸命に働きました。

□(6) Yuta has [more than] one hundred books in his room.
雄太は部屋に100冊より多くの本を持っています。

▶ おぼえていなかった熟語は**単語帳130ページ**にもどって，もういちど確認しよう。

58 よく出る熟語 その他の熟語②

1 次の熟語の意味をおぼえているか確認しましょう。

□(1) all the time　　いつも

□(2) for a while　　しばらくの間

□(3) so ～ that ...　　とても～なので…

□(4) on *one's* right　　右側に

□(5) ～ than any other ...　　ほかのどの…よりも～

□(6) as soon as possible　　できるだけ早く

□(7) either ～ or ...　　～か…かどちらか

□(8) of course　　もちろん

★右側に　★いつも　★できるだけ早く
★～か…かどちらか　★ほかのどの…よりも～　★しばらくの間
★とても～なので…　★もちろん

2 日本語に合うように，(　　)内の適する熟語を答えましょう。

□(1) I can't buy (such an / like an) expensive camera.
私はそんなに高価なカメラを買うことはできません。

□(2) (More than / Less than) 100,000 people live in this town.
10万人より少ない人々がこの町に住んでいます。

□(3) (On the way / By the way), how are your parents?
ところで，ご両親はお元気ですか。

□(4) (Thanks to / Thanks into) you, the event succeeded.
あなたのおかげで，イベントは成功しました。

□(5) (At last / At end), they got to the top of the mountain.
ついに，彼らは山の頂上に着きました。

□(6) (The other day / The another day), we saw a musical at the theater.　先日，私たちは劇場でミュージカルを見ました。

おぼえていなかった熟語は**単語帳 132 ページ**にもどって，もういちど確認しよう。

59 よく出る熟語

その他の熟語③

1 次の熟語の意味をおぼえているか確認しましょう。

□(1) not ~ yet　まだ~ない

□(2) something ~ to *do*　…するための何か~なもの

□(3) How many times ~?　何回~ですか。

□(4) on *one's* way to ~　~へ行く途中で

□(5) It takes ~ ... to *do*.　~が－するのに…(時間)がかかる。

□(6) this way　こちらへ

□(7) How far ~?　どれくらいの距離~ですか。

□(8) not ~ at all　まったく~ない

★まだ~ない　★まったく~ない　★何回~ですか。
★こちらへ　★~へ行く途中で　★どれくらいの距離~ですか。
★~が－するのに…(時間)がかかる。　★…するための何か~なもの

2 日本語に合うように，(　)内の適する熟語を答えましょう。

□(1) There is (not more / no more) food in this house.
この家にはこれ以上食べものがありません。

□(2) (How often / How usually) do you go to the library in a week?
あなたは1週間にどれくらいの頻度で図書館へ行きますか。

□(3) (How far / How long) has Emma stayed in Kyoto?
エマはどれくらいの期間京都に滞在していますか。

□(4) (After a while / Before a while), Mr. White came into the classroom.　しばらくして，ホワイト先生が教室に入ってきました。

□(5) Some famous stars are (at stage / on stage) and dance at this show.　このショーでは数人の有名なスターがステージに出て踊ります。

□(6) It started to rain (as possible as / as soon as) they arrived at the beach.　彼らが浜辺に着くとすぐに雨が降り始めました。

おぼえていなかった熟語は**単語帳 134 ページ**にもどって，もういちど確認しよう。

60 よく出る熟語 その他の熟語④

1 次の熟語の意味をおぼえているか確認しましょう。

□(1) day and night　昼も夜も
□(2) on the other hand　一方では
□(3) instead of ～　～の代わりに
□(4) at once　すぐに
□(5) the number of ～　～の数
□(6) on the first day　初日に
□(7) at least　少なくとも
□(8) not ～ but ...　～ではなく…

★一方では　★すぐに　★～ではなく…
★～の数　★少なくとも　★昼も夜も
★～の代わりに　★初日に

2 ［　］に単語をあてはめて熟語を完成させましょう。

□(1) It is difficult for me to speak English well.
私にとってじょうずに英語を話すのは難しいです。

□(2) He is on the top of the building and working there.
彼は建物のてっぺんにいて，そこで作業しています。

□(3) I'll be back in the office in a minute.
私はすぐに事務所にもどります。

□(4) This is my first time swimming with a dolphin.
私にとってイルカと泳ぐのはこれが初めてです。

□(5) That shop sells not only food but also clothes.
あの店は食べ物だけでなく衣服も売っています。

□(6) This song was sung by many people in those days.
この歌はその当時は多くの人々に歌われました。

おぼえていなかった熟語は**単語帳 136 ページ**にもどって，もういちど確認しよう。

2 1 0 9 8 7 6 5 4 3
* * D C B A